KB105686

이키는 어떻게 세상을 지배하게 되었는가?

HYPE

하이프 코드

CODE

김병규 지음

너와숲

차례 contents

들어가는 말 preface

오랜 기간 나이키Nike와 아디다스Adidas는
스포츠용품 시장에서 강력한 경쟁 구도를
형성해왔다. 하지만 최근 들어서 라이벌이라는
칭호가 무색할 정도로 나이키가 압도적인 모습을
보이고 있다. 매출 규모는 두 배 이상, 브랜드
가치는 세 배 이상 차이가 벌어진 상황이다.

사람들은 나이키의 성공 비결을 제품의 품질과 디자인,
마케팅, 매장 운영 등에서 찾곤 한다. 하지만 수준 높은
제품을 선보이고 유사한 마케팅 전략을 사용하는 다른
기업들이 모두 나이키 같은 성공을 거두지 못하고
있다는 점에서 그 어떤 것도 나이키의 성공을 완벽히
설명한다고는 말하기 어렵다. 이 책은 나이키의 성공
비결을 그동안 논문이나 책에서 다루지 않았던 새로운
요소에서 찾고자 한다. 바로 하이프를 만드는 능력,
나이키의 '하이프 코드'다.

하이프란 단기간에 특정 브랜드나 제품에 대해
폭발적인 반응이 발생하는 현상을 지칭한다.
요즘처럼 수없이 많은 브랜드가 매일같이 수많은
제품들을 쏟아내는 시대에 하이프를 만들어내는
것은 결코 쉬운 일이 아니다. 하지만 나이키는
지금 그 어떤 브랜드보다도 쉽게 그리고 자주
하이프를 만들어내고 있다.

더욱 중요한 사실은 나이키의 하이프가 일부 사람들(가령, 스트리트 패션이나 한정판 제품을 좋아하는 사람들) 사이에서만 발생하는 것이 아니라 종종 대규모 유행으로 이어진다는 점이다. 한마디로 나이키는 '현 시대의 하이프 장인'이라고 부를 수 있다.

흥미로운 사실은 나이키가 처음부터 하이프를 쉽게 만들어내고, 이를 대규모 유행으로 연결시켰던 것은 아니라는 점이다. 하이프를 만들기 위한 나이키의 노력은 이미 20여 년 전 시작되었으나 나이키가 자신만의 성공 방정식인 하이프 코드를 찾아낸 것은 비교적 최근의 일이다. 그리고 이 때부터 나이키와 아디다스의 격차가 급격하게 벌어지기 시작했다. 20여 년이라는 긴 시간 동안 수많은 시행착오를 거치고 많은 노력을 한 끝에 자신만의 하이프 코드를 찾아낸 것이다.

이 책에서 소개하는 하이프 코드는 나이키가 만든 것이지만 결코 나이키에만 적용되는 건 아니다. 나이키의 하이프 코드를 잘 이해하면 그 어떤 브랜드나 사업자도 나이키처럼 거대한 하이프를 만들어낼 수 있다. 스포츠용품 브랜드뿐만 아니라 전자제품, 화장품, 식료료, 캠핑 브랜드 등 영역의 구분 없이 나이키 같은 큰 성공을 거두는 것이 가능하다. 나이키의 하이프 코드이지만 동시에 '모두를 위한 하이프 코드'인 것이다. 나이키가 찾아낸 하이프 코드는 과연 무엇일까? 지금부터 나이키의 하이프 코드를 함께 파헤쳐보자.

Our Mission

BRING INSPIRATION AND INNOVATION TO EVERY ATHLETE* IN THE WORLD

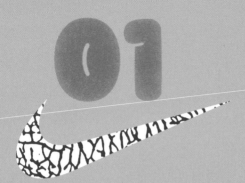

01

HYPE

나이키의 놀라운 성공, 그리고 하이프

CODE

나이키는 놀라운 기업이다. 20년 전에도,
10년 전에도 놀라운 기업이었지만 지금은
더 놀랍다. 현재 운동화 매출에 있어서
아디다스의 두 배 이상이며, 그 차이는 계속
벌어지고 있다. 브랜드 가치에 있어서도
나이키와 아디다스는 큰 차이를 보이고
있다. 특히 2020년을 기점으로 두 브랜드의
가치 차이는 크게 벌어지기 시작했다.
5년 전만 하더라도 나이키와 아디다스를
라이벌로 보는 게 당연한 일이었지만
이제는 아디다스를 나이키의 경쟁 브랜드로
말하기 어려울 정도다.

나이키와 아디다스 글로벌 운동화 매출

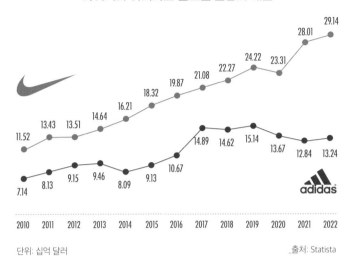

단위: 십억 달러

_출처: Statista

나이키와 아디다스 브랜드 가치(인터브랜드)

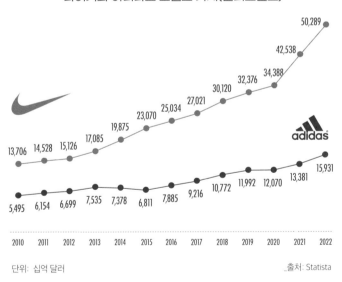

단위: 십억 달러

_출처: Statista

단지 재무적인 성과만 놀라운 게 아니다. 새로운 제품이 출시되면 나이키 매장 앞에는 제품을 구매하려는 사람들로 긴 줄이 만들어진다. 많은 제품들이 스탁엑스StockX*나 크림 KREAM** 같은 리셀*** 플랫폼에서 고가에 거래되고 있다. 패션 브랜드 오프화이트Off-White와 콜라보레이션한 에어조던 1Air Jordan 1은 한국의 크림에서 1100만 원에 거래된 적이 있다. 컨템포러리 아티스트 톰 삭스Tom Sachs가 디자인한 나이키 마스야드Mars Yard는 무려 1300만 원의 거래가를 기록하기도 했다. 나이키 제품을 수십 켤레나 보유하거나 투명 케이스에 넣은 나이키 운동화를 마치 장식품처럼 집에 진열해놓은 사람들도 많다. 이 정도면 나이키는 단순히 운동화 브랜드가 아니라 현 시대의 문화 아이콘이자 젊은 세대의 상징이며 숭배의 대상이라 해도 과언이 아니다.

◆　　　스탁엑스: 미국의 리셀 플랫폼.
◆◆　　크림: 네이버가 운영하는 한국의 리셀 플랫폼.
◆◆◆　리셀: 구입한 운동화나 의류를 다른 사람에게 재판매하는 것.

Air Jordan 1

에어조던 1

1100만 원

네이버의 리셀 플랫폼 크림에서 나이키의 '에어조던 1'(왼쪽)은 1100만 원에, '바스바'는 (오른쪽)는 무려 1300만 원에 거래되는 등 뜨거운 인기를 구가하고 있다.

Nike x Tom Sachs Mars Yard Shoe 1.0 Space Camp.

나이키 x 톰 삭스 마스야드 슈 1.0 스페이스 캠프

1300만 원

사람들은 나이키의 성공 요인을 나이키의 뛰어난 제품, 디자인, 마케팅, 매장, D2C◆ 전략 등에서 찾는다. 이 요인들은 나이키가 지금과 같은 성공을 거두는 데 분명 큰 역할을 했을 것이다. 하지만 나이키와 비슷한 수준의 제품을 내놓고, 비슷한 방식의 마케팅을 하며, 비슷한 경험 매장을 운영하고, 비슷한 D2C 전략을 펼치는 다른 브랜드들이 나이키 같은 정도의 성공을 거두지 못하고 있다는 점에서 그 어느 것도 나이키의 성공을 완벽하게 설명하지는 못한다. 나이키가 문화 아이콘으로 자리매김한 데는 분명 다른 이유가 있다.

◆ D2C: Direct to Consumer. 아마존 같은 쇼핑 플랫폼을 통하지 않고 자사 온라인 채널을 통해 소비자에게 직접 제품을 판매하는 것.

나이키의 성공 요인으로 여겨지는
요소들,하지만 이런 요소들을
갖춘 다른 브랜드들은 나이키처럼
성공하지 못했다. 왜일까?

지금부터 나이키 성공의 비밀을 제품, 마케팅, 유통 같은 일반적인 경영 전략 요소가 아니라 전혀 다른 부분에서 찾아보고자 한다. 사실 이것은 마크 파커Mark Parker♦가 나이키를 이끌기 시작한 이후, 지난 20여 년간 나이키에서 가장 많은 노력을 쏟아부은 부분이기도 하다. 하지만 그 내용에 대해서는 많이 알려진 바가 없다.

그것은 바로, 거대한 '하이프hype' 를 만들어내는 방법을 찾는 것이다.

♦ 　마크 파커: 2001년부터 나이키 브랜드Nike Brand Inc. 대표를, 2006년부터 2020년까지 나이키 CEO를 역임했다.

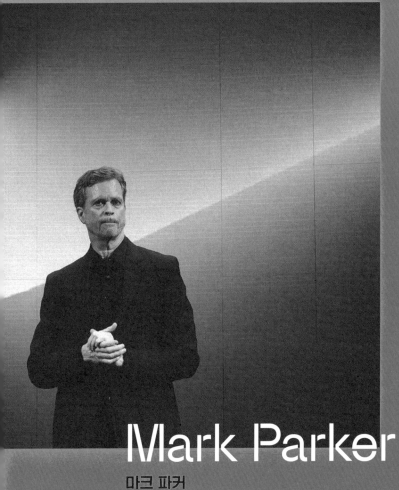

Mark Parker

마크 파커

1955년 출생
1979년 운동화 디자이너로 나이키 입사
2001년 나이키 브랜드 대표
2006 ~ 2020년 나이키 CEO
2020년 나이키 이사회 의장

'하이프'란 단기간에 특정 브랜드 혹은 제품에 폭발적인 반응이 발생하는 것을 말한다. 한정판 제품을 손에 넣기 위해 많은 사람들이 매장 앞에서 며칠씩 줄 서서 기다린다. 제품이 판매되기 시작하자마자 수 분 만에 품절된다. 제품의 리셀 가격이 천정부지로 치솟는다. 이 모든 것이 하이프의 예다.

하이프:

특정 브랜드 혹은 제품에 대해 발생하는 폭발적인 반응

- →

하이프의 예시
- 출시 즉시 품절, 매장 앞 줄서기.
- 매장 문을 열자마자 많은 사람들이 뛰어들어가는 오픈런.
- 높은 리셀 가격.

주로 스트리트 패션, 운동화, 럭셔리 브랜드와 관련해서 하이프라는 말이 사용되고 있다 보니 이런 제품들에 관심 없는 사람들에게는 하이프라는 단어가 생소할 수도 있다. 하지만 나이키 운동화를 여러 켤레 모으고 스탁엑스나 크림에서 운동화를 사고 파는 사람들에게는 운동화라는 단어만큼이나 익숙한 말이기도 하다. 한정판 제품을 모으거나 고가에 기꺼이 사들이는 사람들을 "하이프비스트hypebeast◆'라고 부르기도 한다.

◆   하이프비스트: 하이프와 비스트의 합성어.

Hypebeast

지금 나이키에 발생하고 있는 현상이 바로 하이프다. 나이키는 지금 그 어떤 브랜드보다 더 크게, 그리고 더 자주 하이프를 만들어내고 있다. 한마디로 나이키는 현 시대의 **'하이프 장인'**이라고 부를 만하다. 또한 나이키가 대규모 하이프를 만들어내기 시작한 시점은 나이키가 아디다스와 격차를 벌리며 급격하게 성장하기 시작한 시점과 일치한다. 이런 점에서 하이프를 만들어내는 능력이 나이키 성공의 열쇠라고 봐도 무방할 것이다.

나이키가 처음부터 이처럼 거대한 규모의 하이프를 만들어낼 수 있었던 것은 아니다. 하이프를 만들어내려는 나이키의 노력은 2000년대 초반으로 거슬러 올라간다. 그때로부터 지난 20여 년간 나이키는 하이프를 만들어내려는 다양한 시도를 하면서 자신만의 능력을 키워왔다. 그 결과, 지금은 하이프 장인이 되어 너무나 손쉽게 하이프를 만들어내고 있다.

지금부터 나이키가 하이프를 만들어내는 방법, 즉 **'하이프 코드'**에 대해 알아볼 것이다. 나이키의 노력이 20여 년에 걸쳐 이뤄진 만큼, 하이프 코드에 대한 설명에는 많은 사람들과 많은 사건들이 등장한다. 스트리트 패션이나 한정판 제품에 관심 없는 사람이라면 많은 내용이 낯설고 생소하게 느껴질 수도 있다. 하지만 처음의 낯섦과 생소함이 사라지고 나면 나이키의 하이프 코드가 분명하게 이해되기 시작할 것이다. 나이키의 하이프 코드에 대해 알고 나면 어떻게 해야 자신의 브랜드를 성공시킬 수 있을지 해결책이 보일 것이다. 지금부터 나이키의 하이프 코드를 이해하기 위한 여행을 떠나보자.

1장에 등장한 인물

- 톰 삭스 Tom Sachs _ 아티스트
- 마크 파커 Mark Parker _ 나이키 CEO(2006~2020)

1장에 등장한 운동화

- 오프화이트 x 에어조던 1 레트로 하이 OG 시카고 (2017)
- 나이키 x 톰 삭스 마스야드 슈 1.0 스페이스 캠프 (2012)

Insight note

02

HYPE

'에어맥스 1'의 디자이너, 나이키 CEO가 되다

CODE

하이프를 만들기 위한 나이키의 노력은
마크 파커가 나이키 대표가 된
2001년으로 거슬러 올라간다. 마크 파커는
1979년 운동화 디자이너로 나이키에
입사해 페가수스Pegasus, 에어맥스 1Air Max 1,
에어트레이너Air Trainer, 에어프레스토Air Presto 등
나이키의 대표 제품을
다수 디자인해냈다. 그리고 2001년
나이키의 브랜드 관리를 전담하는 자회사
나이키 브랜드의 대표가 되고, 2006년부터
2020년까지 나이키의 CEO로서 나이키를
이끌었으며, 2016년부터는 창업자인
필 나이트Phil Knight를 대신해 나이키 이사회
의장을 맡게 된다.

창업자가 아니다 보니 그에 대한 이야기는 세간에 잘 알려지지 않았지만 나이키의 성공, 특히 최근의 성공에 있어서만큼은 창업자인 필 나이트보다 중요한 인물이 바로 마크 파커다. 2012년 미국의 유명 잡지인 <패스트 컴퍼니Fast Company>는 그를 세계에서 가장 창의적인 CEO로 선정했으며, 2015년 경제지 <포천Fortune>은 그를 올해의 경영인으로 선정한 바 있다.

나이키 브랜드의 수장이 된 2001년부터 마크 파커는 나이키를 스포츠 브랜드에서 라이프스타일 브랜드로 확장시킬 계획을 세웠다. 당시 나이키는 혁신적인 기술과 품질을 기반으로 스포츠용 운동화 시장에서 큰 성공을 거두고 있었지만, 한 단계 더 성장하기 위해서는 일상 속에서 패션 아이템으로 사용되는 운동화 브랜드가 될 필요가 있다고 본 것이다. 이 목표를 달성하기 위해 마크 파커가 주목한 것은 스트리트 패션이었다.

기회는 찾는 자에게 다가오는 법이다. 1990년대부터 미국과 일본, 영국을 중심으로 스트리트 패션이 크게 유행하기 시작했다. 스투시Stüssy, 슈프림Supreme, 굿이너프GoodEnough, 베이프BAPE 등과 같은 몇몇 스트리트 브랜드가 큰 성공을 거두고 있었지만 이들은 모두 의류 브랜드였다. 신발 부문에서는 이렇다 할 강자가 없었다. 사람들은 저마다 자신의 취향에 따라 나이키뿐만 아니라 리복Reebok, 아디다스, 반스VANS, 스케쳐스SKECHERS, 팀버랜드TIMBERLAND, 닥터마틴Dr. Martens 등 다양한 브랜드 중에서 신발을 선택했다. 이런 상황에서 스트리트 패션은 힙합 뮤직의 유행과 함께 전 세계로 퍼져 나가면서 시장의 규모가 나날이 성장하고 있었다. 나이키로선 반드시 공략해야 하는 신시장이었던 것이다.

Stüssy

Supreme

GOODENOUGH

Street Fashion:

A BATHING APE

패션 디자이너가 만든 스타일이 아니라
사람들이 직접 만들어낸 스타일의 패션을
지칭하는 용어다.

특히 1990년대 이후 스케이트보드와
힙합 문화의 영향 아래 형성된 패션 스타일을
스트리트 패션이라고 칭한다.

1990년대 스트리트 패션 시장에서 하이프는 이미 하나의 비즈니스 모델로 자리 잡아가고 있었다. 많은 스트리트 패션 브랜드들이 제품을 한정 생산하고, 소수의 매장에서 정해진 시간에만 판매했다. 이른바 '드롭drop'이라고 불리는 판매 방식이다. 매주 일정한 시간에만 신제품을 판매하니 이 제품들을 사고 싶은 사람들은 매장 앞에 줄을 서고, 제품을 사지 못한 사람들은 웃돈을 주더라도 리셀을 통해 제품을 구입할 수밖에 없었다. 한마디로 제품을 희소하게 만들고 사람들의 경쟁을 유도해서 하이프를 만들어냈던 것이다.

지금은 많은 브랜드들이 이와 같은 방식으로 제품을 판매하고 있어서 이런 전략이 전혀 새롭거나 놀랍게 느껴지지 않을 수도 있지만, 당시에는 무척 획기적인 발상이었다. 일반적인 경영 전략 관점을 따른다면, 브랜드가 인기를 얻으면 판매량을 증가시키기 위해 제품 생산량과 판매처를 늘리는 게 수순이다. 하지만 당시 스트리트 패션 브랜드들은 이와 정반대 행보를 보였다. 브랜드의 인기가 올라가도 제품 판매량과 판매처를 철저히 제한했다. 이러한 희소성 전략은 오히려 브랜드의 인기를 더욱 높이면서 하이프를 만들어냈다.

한정 수량으로 생산된 제품을 정해진 매장에서
미리 공지된 시간에 판매하는 방식이다.

드롭은 희소성 있는 제품에 대해 구매자들 사이의
경쟁을 유도해 하이프를 만들어낸다.

하지만 드롭 방식으로 판매한다고 해서 모든 브랜드가 하이프를 발생시킬 수 있는 것은 아니다. 드롭 방식이 성공하려면 스트리트 패션 커뮤니티에서 해당 제품의 가치가 높다는 인식이 공유되어야 한다. 그래야 사람들이 경쟁적으로 제품을 구입하려고 나서면서 하이프가 발생하게 된다.

스투시, 슈프림, 굿이너프, 베이프 등 당시 하이프를 만들어내던 브랜드들은 이미 많은 팬층을 보유하고 있는 등 스트리트 패션 커뮤니티에서 최고의 브랜드로 인식되고 있었다. 그래서 이들이 내놓는 제품들은 스트리트 패션 커뮤니티에서 큰 가치가 있는 것으로 여겨졌고, 손쉽게 하이프를 만들어낼 수 있었다.

이때까지만 해도 나이키는 스트리트 패션 커뮤니티에서 존재감이 크지 않았다. 더욱이 당시 스트리트 패션 커뮤니티는 폐쇄적인 성격이 강해 자신들만을 위해 만들어진 스트리트 패션 브랜드를 선호했다. 나이키가 갑자기 한정판 에어맥스 1을 내놓는다고 해서 이들이 갑자기 나이키 매장 앞에서 며칠씩 기다릴 리 없었다. 당시 나이키는 그런 존재였다.

2장에 등장한 운동화

- 나이키 페가수스 (1983)
- 나이키 에어맥스 1 (1987)
- 나이키 에어트레이너 (1987)
- 나이키 에어프레스토 (2000)

Insight note

03

HYPE

마크 파커,
후지와라
히로시를 만나다

CODE

2000년대 초반, 나이키의 최우선 과제는 스트리트 패션 커뮤니티에서 인정받는 브랜드가 되는 것이었다. 이 방법을 찾기 위해 마크 파커는 일본으로 건너가 스트리트 패션의 제왕이라 불리던 후지와라 히로시藤原ヒロシ를 만난다. 후지와라 히로시는 스트리트 패션이나 한정판 운동화에 관심 없는 사람들에게는 생소한 이름이지만, 하이프의 역사에서 가장 중요한 인물 가운데 한 명으로 꼽히는 이로, 이 책에 여러 번 등장할 것이다. 우선 그에 대해 알아보자.

藤原ヒロシ

후지와라 히로시

일본 스트리트 패션
또는 우라하라주쿠 패션의
대부로 불린다.

The God father of
Ura-Harajuku fashion

스무 살 즈음의 후지와라 히로시는 뉴욕을 방문한다. 그는 곧 뉴욕의 힙합 문화, 특히 DJ가 레코드판을 들고 다니며 현장에서 직접 믹스하는 '힙합 DJ'라는 새로운 방식에 빠져든다. 일본으로 돌아온 그는 직접 힙합 DJ를 하며 일본에 힙합 문화를 전파한다. 일본에 힙합 문화를 전파한 장본인이자 1세대 힙합 DJ가 된 것이다.

힙합 DJ이자 뮤지션으로 일본에서 명성을 얻은 후지와라 히로시는 1세대 스트리트 패션 브랜드인 스투시의 창업자 숀 스투시Shawn Stussy가 일본을 방문했을 때 그와 인연을 맺게 된다. 1989년의 일이다. 당시 숀 스투시는 자신의 의류 브랜드인 스투시를 홍보하기 위해 친구들과 스투시 인터내셔널 트라이브Stüssy International Tribe라는 모임을 결성하고 일본에 방문한 참이었다. 숀 스투시는 후지와라 히로시를 이 모임의 회원으로 초대하고, 미국으로 돌아간 뒤 후지와라 히로시에게 DHL로 스투시의 의류를 몇 박스 보내준다.

Shawn Stussy

藤原ヒロシ

스투시의 창업자 숀 스투시는 일본 방문 중 알게 된 후지와라 히로시에게 스투시의 옷을 보내준다. 후지와라 히로시는 이를 통해 미국 스트리스 패션 세계를 엿보게 된다.

후지와라 히로시는 스투시가 보내준 옷에 금세 매료됐다. 당시 일본에서 유행하던 스트리트 패션은 기존에 존재하는 여러 가지 스타일의 옷을 개인이 직접 스트리트 스타일로 조합하는 방식이었다면 스투시는 패션, 음악, 아트 등 스트리트 컬처의 모든 것을 처음부터 하나의 브랜드 안에 담아냈다. 스투시 브랜드의 열렬한 팬이 된 후지와라 히로시는 일본에서 자신이 직접 스투시 같은 브랜드를 만들기로 한다. 그 결과 나온 것이 바로 굿이너프라는 스트리트 패션 브랜드다. 굿이너프는 1990년 일본 시부야의 골목길 우라하라주쿠에서 탄생했다.

후지와라 히로시는 또한 하이프를 만드는 데 있어서 핵심 요소로 여겨지는 드롭 방식을 최초로 선보인다. 새로운 디자인의 옷을 매주 일정한 시간에 한정된 수량만 출시하자 이 옷을 사려는 젊은이들이 매장 앞에 줄을 서서 기다리기 시작했다. 굿이너프는 단숨에 일본 최고 인기 브랜드가 된다. 그리고 굿이너프 매장을 중심으로 비슷한 스트리트 패션 매장들이 줄줄이 생겨나면서 우라하라주쿠는 일본 스트리트 패션의 중심지로 자리 잡게 된다.

일본 하라주쿠역 뒤편 거리인
우라하라주쿠에는 많은 스트리트 패션 상점이 모여 있다.
일본 스트리트 패션의 탄생지로 여겨지는 곳이다.

후지와라 히로시의 업적은 드롭이라는 판매 방식을 최초로 만들어낸 데 그치지 않는다. 당시 굿이너프에는 그를 돕던 세 명의 젊은 디자이너가 있었는데, 이들 모두 스트리트 패션 분야에서 세계적인 명성을 얻은 디자이너로 성장한다. 베이프와 휴먼 메이드Human Made라는 브랜드를 탄생시킨 니고NIGO◆, 언더커버Undercover를 만들어낸 다카하시 준高橋盾, 그리고 네이버후드Neighborhood의 수장 다키자와 신스케가 바로 그들이다. 현재 일본의 스트리트 패션을 대표하는 세 명의 디자이너가 모두 그의 제자인 것이다.

이런 사실을 알고 나면 1990년대 후반 후지와라 히로시가 스트리트 패션 세계에서 어떤 위치를 차지하고 있었는지 짐작할 수 있을 것이다. 그는 말 그대로 스트리트 패션계의 제왕이었다. 그의 명성이 단지 일본에서만 높았던 것은 아니다. 뉴욕과 런던의 스트리트 패션 브랜드 관계자들이 그를 만나러 일본으로 연달아 날아왔다. 그들은 후지와라 히로시와 만나 협력하기 위해 논의하면서 그의 사업 방식, 특히 드롭을 통해 하이프를 만들어내는 방법을 배워가곤 했다.

◆ 니고: 일본의 패션 디자이너 겸 음악 프로듀서.
본명은 나가오 도모아키長尾智明.

GOODENOUGH

HUMAN MADE

A BATHING APE

UNDERCOVER ®
JUN TAKAHASHI

NEIGHBORHOOD ®

슌 스투시와 만난 후지와라 히로시는 일본에서 스트리트 패션 비즈니스를 시작하게 된다. 그 결과 일본 1세대 스트리트 패션 브랜드인 굿이너프를 만들고, 드롭 방식을 탄생시켰으며, 일본 스트리트 패션계를 이끌어갈 차세대 디자이너들을 키워냈다. 베이프와 휴먼 메이드의 니고, 언더커버의 다카하시 준, 그리고 네이버후드의 다키자와 신스케가 바로 그들이다.

스트리트 패션 시장을 공략  하고 싶었던 마크 파커 역시 일본 하라주쿠에 와서 후지와라 히로시를 만났다. 스트리트 패션 커뮤니티의 인정을 받기 위해 나이키는 후지와라 히로시의 능력과 명성이 필요했다. 마크 파커는 후지와라 히로시에게 나이키 운동화를 함께 디자인하자고 제안한다. 이때부터 후지와라 히로시는 나이키 운동화 디자인에 참여하게 된다. 2000년 즈음의 일이다. 그 결과, 2002년 스니커즈 커뮤니티에서 커다란 화제를 불러온 HTM 프로젝트가 시작된다.

HTM은 후지와라 히로시, 나이키의 수석 디자이너 팅커 햇필드Tinker Hatfield, 그리고 마크 파커 세 사람의 이름 첫 글자를 따온 것이다(히로시의 H, 팅커의 T, 마크의 M). HTM 이전에도 협업을 통해 만들어진 신발은 많았지만, 대부분 기존 신발의 색상을 바꾸거나 로고를 추가하는 수준이었다. 반면 HTM의 경우, 세 사람의 아이디어를 모아 완전히 새로운 콘셉트의 제품을 탄생시켰다. 물론 기반이 되는 운동화는 에어 포스 1Air Force 1처럼 기존에 존재하는 모델이었지만, 소재이 선택과 조합, 디자이 등 운동화의 모든 부분에 새로움을 불어넣었다.

　　HTM 프로젝트를 통해 탄생한 운동화는 소량만 출시되었지만 높은 디자인 완성도와 혁신적인 스타일로 스트리트 패션 커뮤니티에서 큰 화제를 불러일으키며, 스트리트 패션 커뮤니티에서 나이키가 제대로 된 플레이어로 인정받는 계기를 마련해주었다.

2002년 HTM 프로젝트를 통해 탄생한 '나이키 에어포스 1'. 고급 가죽 외피에 하얀색 스티치를 더해 높은 디자인 완성도를 자랑한다.

3장에 등장한 인물

- 후지와라 히로시 藤原ヒロシ _ 프라그먼트 디자인 창업자
- 숀 스투사 Shawn Stussy _ 스투시의 창업자
- 니고 NIGO _ 패션 디자이너 겸 음악 프로듀서. 베이프와
  휴먼 메이드의 창업자
- 다카하시 준 高橋盾 _ 패션 디자이너. 언더커버의 창업자
- 다키자와 신스케 滝沢伸介 _ 패션 디자이너. 네이버후드의
  창업자
- 팅커 햇필드 Tinker Hatfield _ 나이키의 수석 디자이너

3장에 등장한 운동화

- 나이키 에어포스 1 로우 HTM (2002)

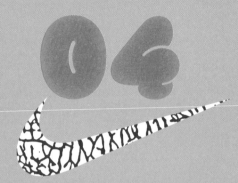

HYPE

슈프림과의
첫 번째
콜라보레이션

CODE

2000년대 초반 스트리트 패션은 미국의 뉴욕,
일본의 도쿄, 영국의 런던을 거점으
로 전 세계로 퍼져 나가고 있었다. 일본
스트리트 패션을 주도한 것이 후지와라 히
로시였다면, 뉴욕 스트리트 패션의 중심에는
슈프림이 있었다. 당시 슈프림은 지금
처럼 대중적인 브랜드는 아니었지만 뉴욕,
도쿄, 런던 스트리트 패션 커뮤니티와
스케이트보드 커뮤니티에서는 뜨거운 인기를
얻고 있었다. 스트리트 패션 커뮤니티에서
인정받고자 하는 나이키에 슈프림보다 더
좋은 교두보는 없었다.

2000년대 초반 슈프림은 뉴욕, 도쿄, 런던 스트리트 패션 커뮤니티와
스케이트보드 커뮤니티에서 '핫한' 브랜드였다.

HTM이 탄생한 2002년, 나이키는 슈프림과 콜라보레이션 프로젝트를 시도하고 그 첫 번째 결과물을 선보인다. 바로 '나이키 덩크 로 프로 SB 슈프림Nike Dunk Low Pro SB Supreme'이라는 제품이다. 단 1250켤레(검정색 750켤레, 흰색 500켤레)만 생산된 이 제품은 미국과 일본 슈프림 매장 4곳에서만 판매됐다. 매일 12시 소량 풀리는 방식으로 판매했는데, 한 사람당 한 켤레만 구매할 수 있었다.

당시 이 제품은 스트리트 패션 커뮤니티와 스케이트보드 커뮤니티에서 엄청난 하이프를 발생시켰다. 게다가 뉴욕 유명 뮤지션들과 아티스트들 사이에서도 폭발적인 반응을 만들어냈다. 제한된 수량 때문에 리셀 가격도 천정부지로 높아졌다. 판매 가격이 65달러에 불과한 운동화가 156배인 1만 달러가 넘는 가격에 거래되기도 했을 정도다.

Nike Dunk Low Pro SB Supreme

$10,193

슈프림과 나이키의 첫 번째 콜라보레이션 운동화는 제품 가격 65달러의 156배가 넘는 1만 달러를 뛰어넘는 가격에 리셀될 정도로 스트리트 패션 커뮤니티뿐만 아니라 유명 뮤지션과 아티스트 사이에서 폭발적인 인기를 끌었다.

나이키와 슈프림의 콜라보레이션에 대해 더 이야기하기 전에 슈프림이란 브랜드에 대해 살펴보자. 슈프림은 제임스 제비아James Jebbia가 1994년 뉴욕 맨해튼에 문을 연 스케이트보드 편집숍이다. 제임스 제비아는 1세대 스트리트 패션 브랜드인 스투시의 첫 매장을 운영하면서 숀 스투시(앞서 소개한 것처럼 후지와라 히로시가 일본에서 의류 사업을 시작하게 만든 사람이다)의 철학과 경영 전략을 배우게 된다. 몇 년 후 스투시가 상업적으로 너무 성공한 것에 거부감을 느낀 숀 스투시가 자신의 지분을 모두 매각하고 스투시를 떠나자 제임스 제비아도 스투시를 떠나 자신의 브랜드를 내건 매장을 연다. 1994년 슈프림이 탄생한 순간이다.

1990년대 뉴욕 맨해튼 라파예트 거리에서 슈프림 매장이 문을 열었다.

스트리트 패션의 대부라 일컬어지는 후지와라 히로시와 제임스
제비아. 두 사람은 모두 숀 스투시와 인연이 있다.

당시 미국 청소년들 사이에선 스케이트보드와 스트리트 패션이 크게 유행하고 있었는데, 뉴욕 맨해튼에는 스케이트 보더들이 좋아할 만한 매장이 없었다. 이에 제임스 제비아는 오직 스케이트보더들만을 위한 특별한 매장을 선보이기로 한다. 다른 의류 매장들과 달리 매장 한가운데 의류 매대를 배치하지 않고 비워놓아 스케이트보더들이 스케이트보드를 탄 채 자유롭게 매장에 드나들 수 있게 했고, 매장 직원들도 모두 스케이트보더였다. 매장에는 이들이 좋아할 만한 비디오 영상을 틀어놓았다. 이러한 운영 방식은 슈프림을 근처 스케이트보더들과 아티스트들이 모여드는 아지트가 되게 만들었고, 슈프림은 단숨에 뉴욕 스케이트보드 커뮤니티의 최고 인기 매장이 된다.

슈프림 매장이 뉴욕 아티스트들 사이에서 인기를 얻으면서 제임스 제비아는 이들과 친분을 쌓았고, 자연스럽게 이들의 작품을 담은 의류와 스케이트보드를 선보이기 시작한다. 슈프림 초창기에 콜라보레이션 작업을 한 아티스트 중에는 세계적으로 유명한 아티스트인 키스 헤링Keith Haring(1998)과 KAWS(2001)가 있다. 물론 일본 스트리트 패션의 제왕 후지와라 히로시의 브랜드인 굿이너프와도 콜라보레이션 프로젝트를 진행했다(1999). 그 결과물로 만들어진 제품들이 큰 인기를 얻으면서 콜라보레이션은 슈프림 브랜드의 가장 중요한 아이덴티티로 자리 잡게 된다. 게다가 후지와라 히로시가 고안해낸 드롭 방식을 적용해 콜라보레이션 제품을 매주 목요일 일정 시간에 소량 판매하면서 뉴욕 젊은이들 사이에서는 목요일마다 슈프림에 대한 하이프가 만들어졌다.

오른쪽_슈프림은 키스 헤링, KAWS 등 다양한 아티스트들과 협업해 매력적인 콜라보레이션 작품을 선보였다.

Keith Haring
(1998)

KAWS
(2001)

스트리트 패션 커뮤니티와 스케이트보더 커뮤니티에서 인정받고 싶었던 나이키는 이런 슈프림에 주목했고, 2002년 슈프림의 첫 콜라보레이션 프로젝트를 진행하게 된다. 콜라보레이션 작업의 대상은 대상은 덩크라는 오래된 운동화였다. 덩크는 1985년 출시된 농구화로, 당시에는 큰 인기를 얻었지만 새롭게 출시되는 농구화들에 밀리며 1990년대 후반 무렵에는 아무도 찾지 않는 비인기 제품으로 전락하고 말았다. 이런 덩크의 가치를 알아본 것은 농구 커뮤니티가 아니라 스케이트보드 커뮤니티였다. 덩크는 쿠션이 두툼해서 스케이트보드를 탈 때 신기에 편해 많은 스케이트보더가 덩크 제품을 찾기 시작했다. 게다가 당시 덩크는 할인 매장에서 저렴한 가격에 구입할 수 있었다. 특히 일본에서 출시된 덩크 제품(Dunk Low COJP)은 도쿄와 뉴욕에서 큰 인기를 얻었다. 뉴욕 슈프림 매장에서 일본에 출시된 덩크 제품을 소량 수입해 판매할 정도였다.

나이키에 이보다 좋은 기회는 없었다. 나이키의 한물간 제품인 덩크가 도쿄와 뉴욕을 중심으로 인기를 얻고 있었고, 슈프림은 뉴욕, 도쿄, 런던 스트리트 패션 커뮤니티에서 가장 인기 있는 브랜드였다. 이에 나이키는 덩크 제품을 스케이트보드에 맞게 개량하고(덩크 옆에 'SB'라는 이름이 붙은 것은 이 때문이다. 'SB'는 스케이트보드를 의미한다), 과거 큰 인기를 얻었던 에어조던 3의 트레이드 마크인 시멘트 문양(코끼

리 문양이라고도 한다)을 덩크에 입혀서 '나이키 덩크 로 프로 SB 슈프림Nike Dunk Low Pro SB Supreme'이라는 슈프림 전용 제품을 출시한다. 그리고 앞서 소개한 것처럼 이 제품은 커다란 하

1988
Air Jordan 3

2002
Nike Dunk Low Pro SB
Supreme

1988년 출시된 '에어조던 3'(위), 그리고 2002년 출시된 '슈프림 덩크'(아래). '슈프림 덩크'의 시멘트 문양은 '에어조던 3'에서 가져왔다.

이프를 만들어낸다.

나이키와 슈프림의 콜라보레이션은 두 브랜드 모두에 커다란 기회를 만들어주었다. 나이키는 이 제품 덕분에 스트리트 패션과 스케이트보드 커뮤니티 모두에서 가장 인기 있는 운동화 브랜드로 떠오르게 되었다. 한편 한정판에 대한 드롭 방식의 판매로 스트리트 패션과 스케이트보드 커뮤니티에서 작지 않은 하이프를 만들어냈지만 대중적인 인기와는 거리가 먼 브랜드였던 슈프림은 넓은 팬층을 보유한 나이키와 콜라보레이션 프로젝트를 진행함으로써 인지도와 고객층이 훨씬 넓어지는 효과를 거뒀다. 나이키와 슈프림의 콜라보레이션은 두 브랜드 모두에 큰 도움이 된 것이다.

4장에 등장한 인물

- 제임스 제비아 James Jebbia _ 슈프림의 창업자
- 키스 헤링 Keith Haring _ 아티스트
- KAWS _ 아티스트

4장에 등장한 운동화

- 나이키 덩크 로우 프로 SB 슈프림 (2002)
- 나이키 덩크 (1985)
- 나이키 에어조던 3 (1988)

Insight note

HYPE

나이키,
콜라보레이션
전문가를
영입하다

CODE

2002년 도쿄의 후지와라 히로시, 뉴욕의 슈프림과의 콜라보레이션 프로젝트를 성공적으로 해냄으로써 나이키는 스트리트 패션 커뮤니티에서 메이저 브랜드로 인정받기 시작했다.

이후 마크 파커는 본격적으로 하이프 만들기에 나선다.

하이프를 만드는 과정의 핵심은 드롭과 콜라보레이션으로 요약할 수 있다. 드롭은 한정된 수량의 제품을 생산해 한정된 장소에서 한정된 시간에만 판매하는 것으로, 사실 그렇게 어렵거나 복잡할 게 없는 일이다. 일반적인 경영 상식과 반대되는 측면이 있어서 이런 방식을 처음 생각해내는 게 어려울 뿐이지 일단 방법만 알면 누구나 할 수 있다. 실제로 지금은 많은 브랜드가 드롭 방식으로 제품을 판매하고 있다.

그런데 드롭 방식으로 한정판 제품을 선보인다고 해서 반드시 강한 하이프가 발생하는 것은 아니다. 드롭은 희소한 수의 제품을 공급하는 방법인데, 희소하다는 사실만으로 사람들이 경쟁적으로 제품을 구입하지는 않기 때문이다. 드롭이 하이프를 만들어내기 위한 중요한 조건이 있다. 바로 사람들 사이에 제품의 가치가 높다는 믿음이 형성되는 것이다. 그리고 이런 믿음을 만들어내는 중요한 장치가 콜라보레이션이다.

드롭　　콜라보레이션
Drop　　Collaboration

희소성　　가치
Scarcity　　Value

하이프
HYPE

스트리트 패션계의 거물 후지와라 히로시와 제임스 제비아는 콜라보레이션을 통해 가치를 만들어내는 능력이 독보적이었다. 이들은 디자인 교육을 받지 않았지만 어떤 디자인과 스타일의 제품이 스트리트 패션 커뮤니티에서 열광적인 반응을 불러일으킬지 예측해내는 탁월한 감각을 가진 사람들이었다.

마크 파커는 뛰어난 운동화 디자이너였지만 후지와라 히로시나 제임스 제비아가 가진 것 같은 하이프에 대한 감각은 없었다. 마크 파커에게는 나이키에서 후지와라 히로시나 제임스 제비아 같은 역할을 해줄 사람이 필요했다. 그런 사람이 꼭 운동화 디자이너일 필요는 없었다. 앞서 언급한 바 있지만, 후지와라 히로시와 제임스 제비아 모두 디자인 교육을 받은 적 없는 사람들이다. 필요한 것은 하이프에 대한 탁월한 감각과 콜라보레이션 프로젝트를 성사시킬 수 있는 능력이었다.

영국 런던을 방문한 마크 파커는 런던의 스트리트 문화를 깊이 있게 소개해줄 사람을 찾다가 프레이저 쿡Fraser Cooke을 소개받는다. 프레이저 쿡은 패션 디자이너나 크리에이터는 아니지만 힙합 DJ이자 스트리트 패션 의류 매장을 직접 운영하면서 1990년대 영국에 스트리트 패션을 도입하고 유통시킨 인물이다. 일본에서 후지와라 히로시가 그랬던 것처럼, 그 역시 영국 스트리트 패션 태동기에 핵심적인 역할을 하며 많은 디자이너, 아티스트, 뮤지션, 브랜드와 친분을 쌓고 있었다. 마크 파커는 프레이저 쿡과 런던의 이곳저곳을 돌아본 후, 그에게 나이키의 콜라보레이션 프로젝트 디렉터 자리를 제안하게 된다. 하이프를 만들기 위한 나이키의 노력 2막이 시작된 순간이었다.

프레이저 쿡은 패션 디자이너나 크리에이터는 아니지만 힙합 DJ이자
스트리드 패션 의류 매장을 직접 운영하면서 1990년대 영국에
스트리트 패션을 도입하고 유통시킨 인물이다.

프레이저 쿡이 나이키에 합류한 것은 2003년의 일이다. 당시 나이키는 HTM 프로젝트와 슈프림과의 콜라보레이션 프로젝트를 성공적으로 마치고 본격적으로 하이프 만들기에 나선 참이었다. 프레이저 쿡의 합류와 함께 나이키의 다양한 콜라보레이션 프로젝트들이 시작된다.

　　2003~2016년 진행된 나이키의 콜라보레이션 프로젝트 중에서 주목할 만한 것들을 소개한다. 스트리트 패션이나 한정판 운동화에 관심 없는 사람들에게 여기 언급되는 이름들은 생소할 수도 있다. 하지만 이들은 모두 하이프를 만들려는 많은 브랜드들에 콜라보레이션 대상으로 크게 관심을 받는 인물들이기 때문에 하이프 만들기에 관심이 있다면 이들에게 관심을 가질 필요가 있다.

스태시 Stash, 2003

스태시Stash(본명 조시 프랭클린Josh Franklin)는 1980년대 부터 활동한 뉴욕의 그래피티 아티스트다. 1980년대 중반, 스트리트 패션이라는 말이 사용되지도 않던 시절, 스태시는 자신의 그림을 넣은 티셔츠를 만들어 주위에 판매하기 시작 했다. 이 티셔츠가 입소문을 타기 시작하면서 밴드 클래시The Clash의 믹 존스Mick Jones, 비스티 보이즈Beastie Boys 멤버들이 입을 정도로 주목받았다. 1993년 서브웨어Subware라는 스트 리트 패션 브랜드를 런칭해 뉴욕, 런던, 도쿄 스트리트 패션 커뮤니티에서 큰 인기를 얻었다. 2003년 나이키와 콜라보 레이션에 나서 '스태시 x 에어클래식 BWStash x Air Classic BW' 를 선보인다. 이후 나이키와 스태시는 지속적으로 협업하면 서 다양한 운동화를 내놓았다.

세계적인 그래피티 아티스트
스태시는 나이키와 협업해 2003년
'스태시 x 에어클래식 BW'를
선보인다. 스태시를 대표하는 색인
하버 블루Harbor Blue를 적극
활용했다.

Stash x Air Classic BW

퓨추라 Futura, 2004

1990년대 스트리트 패션 커뮤니티에서 스태시와 함께 인기 몰이를 한 그래피티 아티스트가 있다. 바로 '퓨추라Futura'다 (본명 레너드 힐튼 맥거Leonard Hilton McGurr). 1970년대부터 뉴욕에서 지하철이나 벽에 그래피티 그림을 그리던 퓨추라는 1980년대 후반 프랑스의 디자이너이자 갤러리 운영자인 아네트 베Agnes B.의 눈에 띄면서 그녀의 후원을 받아 파리로 거처를 옮기고 정식 아티스트로 활동하기 시작한다. 그래피티이면서도 순수미술 같은 추상성을 가진 그의 독특한 작품들은 1990년대 뉴욕, 런던, 도쿄 스트리트 패션 커뮤니티에서 큰 인기를 얻었다.

스태시와의 콜라보레이션 작업을 성공적으로 마친 나이키는 곧이어 퓨추라와 다양한 콜라보레이션 작업을 시작한

단 24켤레만 제작된 퓨추라와 나이키의 콜라보레이션 제품. 세계 각국의 화폐를 디자인에 활용한 이 세훔은 세계에서 가장 희귀한 운동화 중 하나로 꼽힌다.

다. 퓨추라가 나이키와 콜라보레이션한 초기 제품들 중 하나가 '나이키 SB x 퓨추라 덩크 하이 프로 "FLOM"Nike SB x Futura Dunk High Pro "FLOM"'이다. 총 24켤레만 제작된 이 제품은 2020년 소더비 경매에서 6만 3000달러에 판매됐다.

언더커버 Undercover, 2010

다카하시 준이 만든 언더커버는 현재 스트리트 패션과 하이 패션(디자이너가 소량 만드는 고급 의류) 모두에서 큰 인기를 얻고 있는 패션 브랜드다. 앞서 소개한 바 있지만, 다카하시 준은 후지와라 히로시가 1990년 굿이너프를 만들 때 그를 도운 젊은 디자이너 중 한 사람이다. 후지와라 히로시 밑에서 스트리트 패션에 대해 배운 다카하시 준은 3년 뒤 자신의 브랜드인 언더커버를 런칭한다.

사실 후지와라 히로시는 엄밀한 의미에서 패션 디자이너라 하기 어렵다. 그는 정식으로 디자인이나 패션 교육을 받은 적이 없다. 마크 파커 역시 HTM 프로젝트를 진행하면서 그의 역할을 스타일리스트라고 언급한 바 있다. 반면 다카하시 준은 일본 최고의 패션 스쿨로 여겨지는 문화복장학원에

Nike Gyakusou Lunar Spider

서 수학한 정통 패션 디자이너다. 유명한 하이패션 브랜드인 꼼데가르송COMME des GARÇONS의 수석 디자이너이자 사장 레이 가와쿠보川久保玲가 일찍이 그의 재능을 알아보고 적극 지원해 파리 패션계에 진출한다. 그리고 2002년, 파리 패션 위크에서 자신의 패션쇼를 개최함으로써 하이패션 디자이너 로 인정받는다. 스트리트 패션 디자이너로 시작해 프랑스 파 리의 하이패션 디자이너로 자리매김한 것이다. 이것이 다카 하시 준, 그리고 그의 브랜드인 언더커버가 스트리트 패션과 하이패션 양쪽에서 크게 인기를 얻고 있는 이유다.

러닝 크루에 속해 매일 달리기를 하는 러너로도 유명한 다카하시 준은 2010년 나이키와의 콜라보레이션 프로젝트 를 통해 러닝화와 기능성 의류 등으로 구성된 나이키 갸쿠소 우 라인을 탄생시킨다. 한국에서는 판매되지 않았지만 갸쿠 소우 라인은 일본에서 큰 인기를 얻으며 지금까지도 지속적 으로 다양한 제품을 선보이고 있다.

언더커버의 창립자 다카하시 준은 2010년부터 나이키와 콜라보레이션 프로젝트를 진행하고 있다. 러너로서의 특성을 살려 선보인 갸쿠소우 라인은 러닝에 특화된 디자인을 보여준다. 사진은 '나이키 갸쿠소우 루나스파이더 LT+Nike Gyakusou LunarSpider LT+'.

프라그먼트 디자인
Fragment Design, 2010

앞서 나이키의 HTM 프로젝트에 대해 설명한 바 있다. 2002년 후지와라 히로시, 나이키의 마크 파커, 팅커 햇필드가 모여 새로운 운동화를 디자인한 프로젝트다. 이듬해 후지와라 히로시는 콜라보레이션 프로젝트만 전문으로 하는 디자인 회사 프라그먼트 디자인Fragment Design을 설립하고 2010년 나이키와 첫 번째 공식적인 콜라보레이션 제품을 선보인다.

나이키의 클래식 테니스화에 프라그먼트 디자인의 독특한 디자인 터치를 추가한 제품을 시작으로 프라그먼트 디자인과 나이키는 지난 10여 년간 수많은 콜라보레이션 프로젝트를 진행하게 된다. 이 중 가장 큰 하이프를 만들어낸 제품은 2014년에 선보인 '프라그먼트 디자인 x 에어조던 1 Fragment design x Air Jordan 1'이다. 이 제품은 2021년 5000달러가 넘는 가격에 판매된 적이 있으며, 현재까지도 3000달러가 넘는 리셀 가격이 유지될 정도로 수집가들 사이에서 그 가치를 인정받고 있다.

나이키는 프라그먼트 디자인과
다양한 컬래버레이션 프로젝트를
진행했다. 이 중 가장 큰 하이프를
만들어낸 제품은 2014년에 선보인
'프라그먼트 디자인 x 에어조던 1'
이다.

Fragment design x
Air Jordan 1

톰 삭스.Tom Sachs, 2012

톰 삭스는 무라카미 다카시村上隆, KAWS 등과 함께 스트리트 패션 커뮤니티에서 가장 인기 있는 컨템포러리 아티스트 중 한 사람이다. 뉴욕에서 아티스트로 활동하던 중 1994년 뉴욕 바니스백화점의 프로젝트를 맡으면서 유명세를 얻게 된다. 당시 바니스백화점이 크리스마스 장식물 제작을 의뢰하자, 톰 삭스는 아기 예수가 탄생하는 장면을 헬로 키티(예수와 성모 마리아)와 바트 심슨(동방박사)으로 표현하고, 심지어 성모 마리아를 표현한 헬로 키티에 샤넬 브래지어를 입히기까지 했다. 마굿간 꼭대기에는 맥도날드 로고를 붙여 놓았다. 이 작품은 사람들의 항의로 하루 만에 철거되었지만 그의 이름을 세상에 알리는 계기가 되었다.

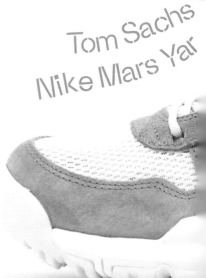

현 시대를 대표하는 컨템포러리 아티스트 톰 삭스와 나이키는 NASA, 화성, 우주를 테마로 콜라보레이션을 진행했다. 그 결과물인 '톰 삭스 x 나이키 마스야드 Tom Sachs x Nike Mars Yard'. 소량 제작 판매해 현재까지도 높은 리셀가가 형성돼 있다.

이후 톰 삭스는 본격적으로 현대 사회에 만연한 소비주의를 조롱하면서도 동시에 찬양하는 듯한 작품을 선보이며 뉴욕 팝아트에서 가장 중요한 아티스트 가운데 한 명으로 평가받게 된다. 2007년부터는 미국의 1960~1970년대 우주 탐사를 모티프로 한 스페이스 프로그램Space Program 전시를 통해 대중적으로도 큰 인기를 얻게 된다.

이런 톰 삭스를 스트리트 패션 커뮤니티에 소개한 것이 바로 나이키다. 2012년 나이키는 톰 삭스와 함께 미 항공우주국NASA의 화성 탐사에서 영감을 받은 마스야드를 출시한다. 이 운동화는 지금까지도 최고의 아티스트 콜라보레이션 운동화 가운데 하나로 여겨질 정도로 당시 하이프비스트 사이에서 엄청난 인기를 얻었고, 톰 삭스를 단숨에 스트리트 패션에서 가장 중요한 아티스트의 자리에 올려놓았다.

리카르도 티시
Riccardo Tisci, 2014

이탈리아 출신의 패션 디자이너 리카르도 티시Riccardo Tisci는 2005년 지방시Givenchy의 여성복 크리에이티브 디렉터를 맡았고, 2018년부터는 버버리Burberry의 크리에이티브 디렉터로 활동했다(2018~2022). 고딕적Gothic인 어두운 분위기와 미니멀한 디자인으로 유명하다.

나이키의 콜라보레이션 디렉터인 프레이저 쿡이 리카르도 티시에게 에어포스 1을 새롭게 디자인해보자고 요청했을 때 리카르도 티시는 나이키의 에어포스 1은 에르메스Hermès의 캘리 백 같은 존재로, 너무 유명해서 디자인을 건드리기 어렵다며 걱정했다고 한다. 하지만 2014년 그는 자신만의 색깔을 입혀서 에어포스 1을 완전히 탈바꿈시켰다. 그것도 운동화가 아니라 부츠로 재탄생시켰다.

지방시와 버버리의 크리에이티브 디렉터로 유명세를 떨친 리카르도 티시와 나이키의 콜라보레이션 제품 '나이키 x 리카르도 티시 에어포스 1 부츠 SP x Riccardo Tisci Air Force 1 Boot SP'. 나이키의 가장 대표적인 디자인인 에어포스를 완벽하게 재탄생시킨 혁신적인 디자인이 돋보인다.

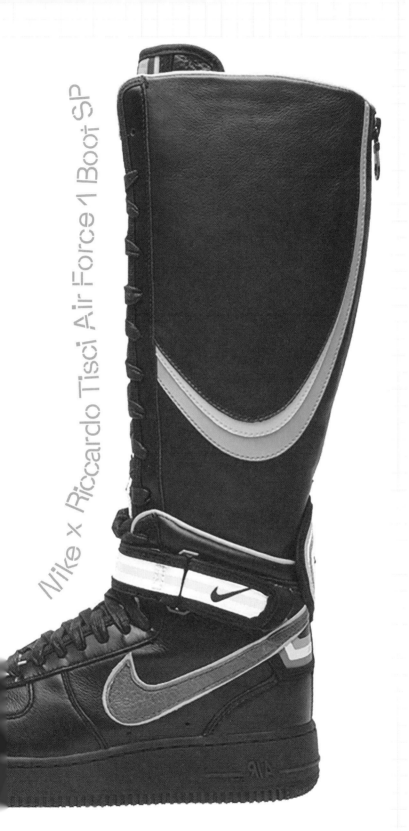

Nike x Riccardo Tisci Air Force 1 Boot SP

꼼데가르송
COMME des GARÇONS, 2016

꼼데가르송은 일본의 패션 디자이너 레이 가와쿠보가 만든 하이패션 브랜드로, 한국에서도 큰 인기를 얻고 있다. 눈동자가 그려진 빨간색 하트 로고의 옷들이 바로 꼼데가르송의 제품들이다(정확히는 꼼데가르송의 하위 라인 중 하나인 꼼데가르송 플레이의 로고). 꼼데가르송의 대표 디자이너 중 한 사람인 준야 와타나베渡邊淳彌는 일본 시장에 출시되는 제품들과 관련해서 오래전부터 나이키와 일하고 있었고, 꼼데가

르송의 하위 라인이나 꼼데가르송이 운영하는 의류 상점인 도버 스트리트 마켓Dover Street Market도 나이키와 지속적으로 콜라보레이션 제품을 선보이고 있었다. 레이 가와쿠보가 직접 이끄는 메인 라인인 꼼데가르송과 나이키의 공식적인 첫 콜라보레이션 제품은 2016년이 되어서야 처음 나오게 된다. 나이키 에어포스 1에 다양한 표정으로 변형한 꼼데가르송 플레이의 하트 로고를 추가한 제품을 선보였고, 이후 2017년에는 나이키 덩크 하이 제품을 투명 소재로 만들어서 속이 비치도록 디자인한 제품(COMME des GARÇONS HOMME PLUS x Nike Dunk High "Clear")과 신발끈이 달리지 않은 목MOC 형태의 제품(COMME des GARÇONS x Nike Air Moc) 등 꼼데가르송만의 독특한 디자인을 담은 신발들을 출시했다.

나이키는 2016년 하이패션 브랜드인 꼼데가르송과 협업해 에어포스 1에 꼼데가르송의 로고를 응용한 이모지를 더한 '꼼데가르송 x 나이키 에어포스 1 "이모지"COMME des GARÇONS x Nike Air Force 1 Low "Emoji"'를 선보였다.

스태시, 퓨주라, 다카하시 준, 후지와라 히로시, 톰 삭스, 리카르도 티시, 준야 와타나베, 레이 가와쿠보……. 2000년대 초반부터 2016년까지 나이키가 콜라보레이션 프로젝트를 진행한 아티스트들이다. 이외에도 네덜란드의 그래픽 아티스트 파라Parra, 미국의 유명한 산업 디자이너 마크 뉴슨 Marc Newson, 캐나다 출신의 패션 디자이너이자 유명 패션 브랜드 아크로님ACRONYM의 창업자 에롤슨 휴Errolson Hugh도 나이키와 콜라보레이션 프로젝트를 진행했다. 스트리트 패션에 관심이 있다면 이들의 이름이 모두 익숙할 것이다. 나이키는 이처럼 다양한 아티스트들과의 끊임없는 콜라보레이션 프로젝트로 디자인에 새로움을 더하고 있다.

그런데 이 책을 읽는 사람들 중 상당수는 나이키가 콜라보레이션한 아티스트들의 이름이 낯설 뿐만 아니라, 이들이 디자인한 제품을 보며 사람들이 왜 열광하는지 모르겠다고 생각할 수도 있다. 사실 나 역시 마찬가지였다. 몇 년 전 스트리트 패션에 대한 연구를 시작하기 전에는 이들 아티스트 중 대부분을 몰랐고, 이들과 진행한 나이키의 콜라보레이션 제품들에 대해서도 모르고 있었다. 정확히 이 부분에 나이키의 치명적인 문제점이 존재한다.

5장에 등장한 인물

- 프레이저 쿡 Fraser Cooke _ 나이키의 스페셜 프로젝트 디렉터
- 스태시 Stash _ 그래피티 아티스트
- 퓨추라 Futura _ 그래피티 아티스트
- 리카르도 티시 Riccardo Tischi _ 패션 디자이너
- 레이 가와쿠보 川久保玲 _ 패션 디자이너. 꼼데가르송 창업자
- 준야 와타나베 渡邊淳彌 _ 패션 디자이너. 꼼데가르송 디자이너
- 파라 Parra _ 그래픽 아티스트
- 마크 뉴슨 Marc Newson _ 산업 디자이너
- 에롤슨 휴 Errolson Hugh _ 패션 디자이너. 아크로님 창업자

5장에 등장한 운동화

- 스태시 x 에어클래식 BW (2003)
- 나이키 SB x 퓨추라 덩크 하이 프로 "FLOM" (2004)
- 나이키 갸쿠소우 루나스파이더 LT+ (2010)
- 프라그먼트 디자인 x 에어조던 1 (2014)
- 톰 삭스 x 나이키 마스 야드 (2012)
- 나이키 x 리카르도 티시 에어포스 1 부트 SP (2014)
- 꼼데가르송 x 나이키 에어포스 1 로우 "이모지" (2016)

Insight note

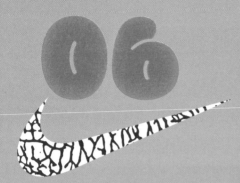

HYPE

콜라보레이션의 한계에 직면하다

CODE

스트리트 패션계에서 콜라보레이션 능력이 가장 뛰어난 것으로 알려진 브랜드는 바로 슈프림이다. 슈프림은 매장이 문을 연 1994년부터 다양한 콜라보레이션 프로젝트를 진행했다. 1994년 뉴욕의 그래피티 아티스트 라멜지Rammellzee와 콜라보레이션한 모자를 시작으로 1996년에는 반스와 콜라보레이션한 운동화를 내놓았고, 1998년에는 뉴욕 그래피티 문화를 상징하는 아티스트 키스 헤링의 작품을 담은 티셔츠를, 2001년에는 아트 토이 '컴패니언companion'으로 전 세계적 인기몰이 중인 KAWS와 콜라보레이션한 스케이트보드를 선보였다.

그리고 2006년에는 현대 미술의 거장 제프 쿤스Jeff Koons, 2007년에는 해바라기 그림으로 유명한 무라카미 다카시와 콜라보레이션한 스케이트보드를 내놓기도 했다. 이처럼 슈프림은 가히 콜라보레이션의 제왕이라고 불릴 만한 행보를 보이며 스트리트 패션에서 최고의 브랜드 자리에 오르게 된다.

스트리트 패션 최고의 브랜드인 슈프림은 다양한 아티스트와의 콜라보레이션 프로젝트를 진행하는 것으로 유명하다. 사진은 KAWS와 콜라보레이션한 스케이트보드.

나이키는 슈프림보다 한 발 늦게 콜라보레이션 프로젝트를 시작했지만, 나이키가 성사시킨 콜라보레이션 프로젝트들은 스트리트 패션 커뮤니티에서 커다란 화제를 불러일으키며 나이키를 슈프림에 버금가는 위치에 올려놓았다. 스트리트 패션 커뮤니티를 대상으로 한 조사에서 스트리트 패션을 대표하는 브랜드로 슈프림과 함께 톱 2 브랜드로 선정될 정도로 나이키는 스트리트 패션의 핵심 브랜드로 자리 잡았다.

스트리트 패션 상위 브랜드
Top Streetwear Brand

78.3%	
68.6%	
65.2%	
44.5%	

_출처: Streetwear Impact Report by HYPEBEAST x PwC

그런데 문제는 나이키가 만들어낸 대부분의 하이프가 스트리트 패션 커뮤니티 안에서만 영향을 미쳤을 뿐, 외부로 확장되지 못했다는 점이다. 스트리트 패션 커뮤니티에서는 나이키의 콜라보레이션 제품을 사기 위해 매장 앞에서 밤새 줄을 서서 기다리고 제품의 리셀 가격이 치솟았다는 이야기가 오가지만, 스트리트 패션 커뮤니티를 벗어난 영역의 사람들은 콜라보레이션 프로젝트의 존재 자체를 모르는 경우가 많다.

전 세계적으로 스트리트 패션 시장이 성장하면서 나이키의 매출도 꾸준히 늘어나고 있지만 나이키가 원하는 만큼은 아니었다. 게다가 2015년 힙합 뮤지션 카니예 웨스트Kanye West와 손잡은 아디다스의 이지YEEZY 시리즈가 큰 성공을 거두면서 아디다스가 나이키의 턱밑까지 추격해 왔다. 나이키에 있어서 아디다스의 이지 시리즈가 성공한 것은 뼈아픈 일이었다. 사실 카니예 웨스트는 아디다스와 작업하기 몇 해 전 나이키와 콜라보레이션 제품을 선보인 바 있었다. 2009년 나이키와 카니예 웨스트의 첫 번째 콜라보레이션 제품인 에어이지Air Yeezy가 출시되었고, 2012년에는 에어이지 2가 출시되었다. 하지만 카니예 웨스트가 에어이지 제품에 대한 로열티를 요구하면서 나이키와의 협력은 끝나고, 카니예 웨스트는 아디다스로 향하게 된다.

아디다스와 계약한 카니예 웨스트는 2015년부터 다양한 이지 시리즈 운동화를 선보인다. 특히 아디다스에서 선보인 두 번째 운동화 모델인 '이지 부스트 350Yeezy Boost 350'은 엄

세계적인 힙합 뮤지션
카니예 웨스트와
아디다스의 콜라보레이션
모델인 '이지 부스트 350'.

청난 하이프를 만들어냈다. 이 운동화는 스트리트 패션이나 힙합 커뮤니티에서만 하이프를 만들어낸 것이 아니라 평소 스트리트 패션이나 힙합에 관심 없는 사람들 사이에서도 인기몰이를 했다. 2016년 남성지 <GQ>에서 '올해 가장 영향력 있는 신발'로 꼽힐 정도였다. 앞서 소개한 나이키의 콜라보레이션 프로젝트들은 전혀 들어보지 못했더라도 아디다스의 이지 부스트는 들어보았거나 주위에서 이 신발을 신고 있는 것을 본 적 있는 사람이 많을 것이다. 이지 부스트 350은 그 정도로 대중적인 인기를 얻으면서 다른 아디다스 운동화의 매출까지도 덩달아 끌어올리는 역할을 했다.

나이키로선 전략 수정이 불가피했다. 2000년대에 들어서면서 마크 파커와 프레이저 쿡의 주도 아래 다양한 콜라보레이션 프로젝트를 성공시켰지만, 나이키의 하이프는 대부분 스트리트 패션 커뮤니티에 한정될 뿐, 대중적 인기나 유행을 만들어내지 못했다. 반면 아디다스는 카니예 웨스트와의 콜라보레이션 작업을 통해 단번에 스트리트 패션 커뮤니티를 넘어서 대중적인 인기를 얻어냈다. 나이키의 패배라고 볼 수밖에 없는 상황이었다. 이때부터 나이키 하이프의 3장이 시작된다.

6장에 등장한 인물

- 라멜지 Rammellzee _ 그래피티 아티스트
- 제프 쿤스 Jeff Koons _ 아티스트
- 무라카미 다카시 村上隆 _ 아티스트
- 카니예 웨스트 Kanye West _ 힙합 뮤지션

6장에 등장한 운동화

- 나이키 에어이지 (2009)
- 나이키 에어이지 2 (2012)
- 아디다스 이지부스트 350 (2015)

Insight note

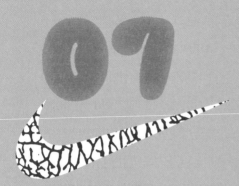

HYPE

스니커헤드를
넘어서

CODE

스트리트 패션 커뮤니티에는 2가지 집단이 존재한다. 하나는 영미권에서 '스니커헤드Sneakerhead'라고 부르는 사람들이다. 한정판 운동화에 열광하는 이들은 운동화를 수집하고 적극적으로 거래한다. 또한 운동화 브랜드의 역사와 콜라보레이션 정보에 대해 잘 알고 있으며 어떤 브랜드, 아티스트, 디자인이 가치 있는지에 대해 비슷한 기준을 가지고 있다. 그렇기 때문에 이들 사이에서 하이프를 만들어내는 것은 그렇게 어려운 일이 아니다. 이들이 인정하는 아티스트나 브랜드와 콜라보레이션 제품을 내놓는 것만으로도 어느 정도 하이프가 발생하기 때문이다.

가령, 나이키가 기존 운동화의 색상만 살짝 바꾸고 프라그먼트 디자인이나 슈프림의 로고를 찍어서 소량 출시하기만 해도 이들 사이에서는 하이프가 발생한다. 실제로 리셀 플랫폼에서 고가에 거래되는 제품 중에는 일반 대중이 보기에는 기존 제품과 별다른 차이가 없는 것 같은 제품도 많다. 고작해야 특정 브랜드나 아티스트의 로고가 인쇄되어 있는 차이가 있을 뿐이다.

스트리트 패션 커뮤니티를 구성하는 또 하나의 집단은 패션사회학에서 엘리트라고 불리는 이들이다. 업계에서는 '코어core'라는 표현을 사용한다. 이 책에서는 하이프 현상과 관련된 엘리트 혹은 코어 집단이라는 의미에서 이들을 '하이프 코어hype core'라고 부르겠다.

이늘은 뮤지션, 아티스트, 패션업계 종사자, 패션 잡지 편집자, SNS에 많은 팔로워를 가진 인플루언서 등으로 구성된다. 이들은 대체로 매력적인 외모와 세련된 취향을 가지고 있으며 옷을 잘 입는 편이다. 주위 사람들에게 선망성, 쉽게 말해 이들을 닮고 싶은 마음을 불러일으키기에 이들의 취향과 선호는 주변 사람들에게 빠르게 전파되고, 이들의 선택을 받은 제품은 대중적 인기를 얻거나 유행을 만들어낸다. 실제로 마케팅 전략 중에는 이들 하이프 코어만을 타깃으로 삼고 나머지 일반 대중의 취향과 선호를 의도적으로 무시해서 브랜드에 대한 유행을 만들어내는 기법인 **'스파이크 전략'**도 존재한다.

2019년 컨설팅 회사 PwC가 스트리트 패션 매거진 <하이프비스트>와 함께 진행한 설문조사에 따르면, 스트리트 패션 커뮤니티는 가장 신뢰하는 정보 소스로 뮤지션과 업계 내부자, 그리고 아티스트들을 꼽았다. 또한 새로운 스타일에 대한 영감을 얻는 출처로 SNS와 길거리, 온라인 패션 잡지를 들었다. 이는 스트리트 패션 커뮤니티가 뮤지션, 업계 내부자, 아티스트, SNS나 길거리에서 만나는 멋진 사람들에게 큰 영향을 받는다는 것을 의미한다. 이들이 바로 하이프 코어다.

인플루언스
INFLUENCE

- 뮤지션
  64.8%
- 업계
  종사자
  51.8%
- 아티스트
  44.5%

영감의 출처
INSPIRATION ◆◆

- SNS
  84.0%
- 길거리
  55.9%
- 온라인
  패션 잡지
  48.6%

출처: Streetwear Impact Report by HYPEBEAST x PwC

◆ 인플루언스: 신뢰하는 정보 소스
◆◆ 인스퍼레이션: 새로운 스타일을 찾는 곳

문제는 스니커헤드 중에는 하이프 코어도 있지만 그렇지 않은 사람들도 많이 섞여 있다는 점이다. 특히 단순히 한정판 운동화를 비싼 가격에 되팔아 이익을 얻는 것을 목적으로 하는 리셀러들도 많이 포함되어 있다. 그렇다 보니 이들 집단에서 강한 하이프가 발생해도 일반 대중은 그 사실을 전혀 모르거나 알더라도 전혀 영향을 받지 않는 것이다. 가령,

특정 제품을 사려는 사람들이 매장 앞에서 며칠씩 줄을 서고 있다는 신문 기사가 나와도 대부분의 사람들은 아무런 관심도 갖지 않는다. 이것이 비즈니스 측면에서 스니커헤드 집단이 가진 명확한 한계다. 그들 사이에서 엄청난 하이프가 발생해도 그들과 일반 대중 사이에는 커다란 간극이 존재하는 것이다.

나이키의 문제는 비로 여기 있었다. 나이키의 콜라보레이션 제품들은 스니커헤드 사이에서 강한 하이프를 만들어냈지만 그뿐이었다. 반면 아디다스의 이지 시리즈는 단번에 스니커헤드뿐만 아니라 하이프 코어에게서도 폭발적인 반응을 만들어냈다. 하이프 코어의 반응은 아디다스 제품 전체의 매출 증가로 이어졌다.

대중적 유행을 만들어내기 위해 나이키는 반드시 하이프 코어의 마음을 얻어야 했다. 하지만 브랜드가 하이프 코어의 마음을 사로잡는 것은 사실 쉬운 일이 아니다. 이들은 제품에 대한 경험이 다양하고 세련된 취향과 심미적 안목을 가졌기에 제품 자체가 이들의 취향과 눈높이에 맞을 정도로 뛰어나야 한다. 기존 제품에 프라그먼트 디자인이나 슈프림의 로고를 추가한다고 해서 이들이 반응할 리 없다.

나이키는 하이프 코어의 마음을 움직일 정도로 획기적인 제품을 내놓을 필요가 있었다. 이를 위해 마크 파커와 프레이저 쿡은 '더 텐 프로젝트The Ten project'를 시작한다.

7장에 등장한 운동화

● 아디다스 이지 시리즈 (2015 - 2023)

Insight note

08

HYPE

뷔질 아블로와의 만남

CODE

나이키의 목표는 단순히 스니커헤드 사이에서 하이프를 만들어내는 것이 아니라 하이프 코어의 마음을 사로잡는 것이었다. 그러기 위해서는 지금까지의 콜라보레이션 방식으로는 충분하지 않았다. 단순히 기존 신발의 색상을 바꾸고 디자인을 약간 변경하는 것만으로는 이들의 마음을 움직일 수 없었다. 기존 신발을 완전히 새롭게 해석해서 획기적인 제품을 선보여야 했다. 그래서 시작된 것이 더 텐 프로젝트다.

마크 파커는 하나의 제품이 아니라 에어조던 1, 에어포스 1, 에어맥스 97, 에어맥스 90, 에어프레스토, 컨버스 척 테일러 등 나이키의 대표 제품 10가지를 한꺼번에 새롭게 탈바꿈시키는 프로젝트 아이디어를 내놓는다. 콜라보레이션 제품은 한정판으로 소량만 출시되지만 이 한정판 제품들이 하이프 코어에게 큰 호응을 얻으면 일반 소비자들 사이에서 한정판 제품의 기반이 된 기본 제품들의 매출도 크게 증가할 것이라 기대한 것이다. 다시 말해, 콜라보레이션 제품으로 하이프 코어의 마음을 사로잡아서 나이키 기존 제품들의 매출을 증가시키는 전략이다.

나이키로부터 더 텐 프로젝트를 처음 의뢰받은 것은 후지와라 히로시였다. 최근 한 언론과의 인터뷰에서 그가 직접 밝힌 사실이다. 하지만 후지와라 히로시의 초기 작업물들이 하이프 코어를 움직이기에 충분하지 않다고 판단한 것인지 마크 파커는 다른 사람을 물색한다. 그리고 2016년 12월, 당시 스트리트 패션 분야에서 천재라는 명성을 얻은 젊은 디자이너 버질 아블로Virgil Abloh를 나이키 본사로 초청해 첫 미팅을 갖는다.

태어나서 처음으로 나이키 본사를 방문한 버질 아블로는 더 텐 프로젝트의 디자인 디렉터인 네이트 조베Nate Jobe, 에어포스 1을 디자인한 브루스 킬고어Bruce Kilgore의 아들 맷 킬고어Matt Kilgore 등을 만나 그들로부터 나이키가 10종류의 운동화를 완전히 새롭게 디자인하는 프로젝트를 준비 중이라는 이야기를 듣는다. 그 자리에서 버질 아블로는 작은 커터칼로 나이키 신발을 완전히 분해한 뒤 재구성하는 실험을 한다. 버질 아블로의 창의성과 디자인 감각에 깊은 인상을 받은 나이키는 더 텐 프로젝트를 그에게 맡기기로 결정한다. 그리고 이듬해인 2017년 9월, 스니커즈 역사상 최고의 콜라보레이션이라고 여겨지는 '오프화이트 x 나이키 더 텐Off-White x Nike The Ten'이 세상에 선보이게 된다.

더 텐 프로젝트를 더 자세히 설명하기 전에 버질 아블로에 대해 알아보자. 버질 아블로는 대학에서 토목공학을 전공하고 대학원에서 건축을 전공한 공학도다. 그러나 건축보다 스트리트 패션에 관심이 많았던 그는 건축에서 배운 디자인 기술들을 활용해 티셔츠 프린트를 디자인하고, 시카고에 있는 커스텀 프린트 티셔츠를 판매하는 매장에서 디자이너로 일했다. 그리고 이때 힙합 프로듀서이자 아티스트인 카니예 웨스트와 운명적인 만남이 이뤄진다. 카니예 웨스트의 친구인 Don C가 능력 있는 디자이너를 섭외하기 위해 이 매장을 찾았고, 버질 아블로를 소개받은 것이다. 버질 아블로가 지닌 디자이너로서의 능력을 알아본 Don C는 그를 카니예 웨스트에게 소개하고, 이때부터 버질 아블로는 앨범 디자인, 의상 디자인, 무대 연출 등 카니예 웨스트의 크리에이티브 업무를 돕게 된다. 그가 22살이던 2002년의 일이다.

Virgil Abloh

카니예 웨스트의 크리에이티브 디렉터로서 미국 음반 산업에서 높은 명성을 얻게 되었지만, 버질 아블로의 관심은 계속 럭셔리 패션에 쏠려 있었다. 버질 아블로는 2009년 카니예 웨스트와 함께 럭셔리 브랜드 펜디FENDI에서 인턴으로 일하고, 2012년 자신의 첫 브랜드인 파이렉스 비전Pyrex Vision을 선보인다. 파이렉스 비전은 폴로 랄프로렌Polo Ralph Lauren과 챔피온Champion의 재고 상품을 저렴하게 구입해 그 위에 파이렉스 비전 브랜드 로고를 인쇄한 뒤 럭셔리 브랜드 수준의 높은 가격에 판매하는 실험적인 프로젝트였다. 그리고 이듬해 최초의 럭셔리 스트리트 패션 브랜드인 오프화이트를 탄생시킨다.

'오프화이트'는 어두운 톤 흰색이라는 뜻이다. 버질 아블로는 흰색과 검은색의 중간에 존재하는 오프 화이트 색상처럼 스트리트 패션과 럭셔리 패션을 하나로 합치겠다는 비전을 바탕으로 오프화이트라는 브랜드를 만들었다. 스트리트 패션이지만 럭셔리 패션을 지향하는 만큼 본사를 럭셔리 패션의 중심지인 프랑스 파리에 세우고 패션 디자이너로서 자신의 능력을 선보이기 시작한다.

케이블 타이, 바리케이드 테이프, 인용부호 등으로 상징되는 버질 아블로의 디자인 코드를 담아낸 그의 창의적이고 독창적인 옷들은 단숨에 전 세계 럭셔리 패션 구매자들에게 큰 관심과 사랑을 받게 된다. 그 결과, 버질 아블로는 2015년

루이뷔통Louis Vuitton의 모기업 LVMH가 젊고 창의적인 디자이너를 발굴 수상하는 LVMH 프라이즈LVMH Prize 후보에까지 오른다. 2016년에는 파리 패션 위크에 초대받아 패션쇼를 개최하는 등 정식으로 파리 패션계에 데뷔한다. 2017년부터는 나이키와 콜라보레이션 프로젝트를 시작하고, 2018년에는 루이뷔통의 남성복 크리에이티브 디렉터로 임명된다. 22살 때 시카고의 티셔츠 매장에서 티셔츠 프린트를 디자인하던 건축공학도가 16년이 지난 후 럭셔리 패션의 최고 자리에 오른 것이다. 그리고 2021년 11월 28일, 버질 아블로는 41살의 젊은 나이에 암으로 세상을 떠난다.

그가 세상에 머문 기간은 길지 않았지만, 버질 아블로는 그 어떤 패션 디자이너보다도 큰 업적을 남겼다. 서로 분리돼 있던 스트리트 패션과 럭셔리 패션의 경계를 허문 것이다. 버질 아블로의 독창적이고 창의적인 디자인은 럭셔리 패션 구매자들을 스트리트 패션 세계로 끌어들였고, 반대로 스트리트 패션 구매자들을 럭셔리 패션의 세상으로 인도했다. 그는 스트리트 패션을 거부하던 럭셔리 패션 브랜드들이 스트리트 패션을 적극적으로 받아들이게 유도했고, 스트리트 패션에서 탄생한 하이프의 장치인 콜라보레이션과 드롭을 럭셔리 패션 브랜드들이 따라하도록 만들었다. 그의 혁신적인 노력 덕분에 이제는 럭셔리 패션과 스트리트 패션의 콜라보레이션 프로젝트는 흔한 일이 되어버렸다. 스트리트 패션 디자이너들이 럭셔리 패션 디자이너로 스카우트되는 일도 많아졌다. 오프 화이트라는 단어가 가진 의미 그대로 럭셔리 패션과 스트리트 패션의 경계를 허물고 새로운 시대를 열어준 것이다. 이것이 버질 아블로라는 천재 디자이너가 세상에 남기고 유산이다.

8장에 등장한 인물

- 버질 아블로 Virgil Abloh _ 패션 디자이너, 오프화이트 창업자
- 네이트 조베 Nate Jobe _ 나이키 디자이너
- 브루스 킬고어 Bruce Kilgore _ 나이키 디자이너
- 맷 킬고어 Matt Kilgore _ 나이키 디자이너
- Don C _ 디자이너

8장에 등장한 운동화

- 나이키 에어조던 1 (1985)
- 나이키 에어포스 1 (1982)
- 나이키 에어맥스 97 (1997)
- 나이키 에어맥스 90 (1990)
- 나이키 에어프레스토 (2000)
- 컨버스 척 테일러 (1922)
- 오프화이트 x 나이키 더 텐 (2017)

Insight note

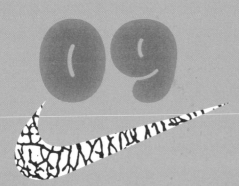

HYPE

오프화이트

x

더 텐의 탄생

CODE

새로운 시도에 나선 나이키에 있어서 버질 아블로보다 적합한 인물은 없었다. 이미 오프화이트를 통해 스트리트 패션뿐만 아니라 럭셔리 패션의 코어들에게도 능력을 인정받았기 때문이다. 게다가 힙합 뮤직 산업에서 크리에이티브 디렉터로 일한 경험 덕분에 버질 아블로는 음악과 패션 산업의 많은 '업계 내부자'들과 두터운 친분을 가지고 있었다. 스니커헤드를 넘어 하이프 코어를 공략하고 대중적인 유행을 만들어내고자 하는 나이키에 있어 버질 아블로는 최고의 선택일 수밖에 없었다.

2017년 9월 6일, 드디어 '오프화이트 x 나이키 더 텐'이 공개된다. 10종류의 운동화는 크게 2가지 테마로 디자인됐다. 하나는 '리빌링Revealing'이라는 테마로, 나이키의 기존 운동화들을 분해하고 재구성해서 기존에 보이지 않던 요소들이 한눈에 드러나도록 했다. 또 하나의 테마는 '고스팅Ghosting'으로, 운동화 전체를 반투명한 소재로 덮어 내부 요소들이 마치 숨어 있는 것처럼 넌지시 비치도록 디자인했다. 모든 운동화에 버질 아블로의 트레이드 마크인 케이블 타이가 장착되고, 운동화 바닥 측면에는 헬베티카 폰트로 'AIR', 'FOAM' 이라는 글자가 표기됐다.

'AIR'라는 단어가 표기된 데는 흥미로운 스토리가 있다. 나이키와 처음 미팅할 때 버질 아블로는 에어조던 1에 실제로 에어 쿠션이 들어가 있는지 물었다고 한다. 에어조던 1은 에어 쿠션이 외부로 드러나는 디자인이 개발되기 이전에 만들어진 제품이어서 겉에서 보면 에어 쿠션이 보이지 않는다. 나이키의 디자이너들이 내부에 에어 쿠션이 있다고 말해주자 버질 아블로는 마커로 직접 신발 위에 'AIR'라고 적었다. 이 장난스러운 행동이 이후 더 텐 프로젝트의 핵심적인 디자인 코드가 된 것이다.

"AIR"

패션계의 전설 버질 아블로와
나이키의 콜라보레이션
제품들. '더 텐'이란
프로젝트명답게 딱 10종류의
모델만 만들어졌다.

'오프화이트 x 나이키 더 텐'은 공개되자마자 스트리트 패션 커뮤니티와 스니커헤드 사이에서 엄청난 하이프를 만들어 냈다. 특히 에어조던 1에 대한 반응이 뜨거웠다. 에어조던 1은 1985년 선보인 제품으로, 마이클 조던Michael Jordan이 나이키와 계약한 후 첫 번째로 신은 운동화다. 당시 한 해 1억 3000만 달러의 매출을 기록할 정도로 인기가 뜨거웠던 제품이다. 나이키는 2010년대에 들어서면서 에어조던 1을 재출시하고 이 신발을 부활시키기 위해 갖은 노력을 기울였지만 큰 성과를 얻지는 못했다. 2014년 프라그먼트 디자인과 콜라보레이션 프로젝트로 선보인 에어조던 1이 스트리트 패션 커뮤니티에서 하이프를 만들어내기는 했지만 대중적인 관심이나 인기로 연결되지는 않았다. 사실 이 제품은 색상과 프라그먼트 디자인의 로고를 제외하면 기존 제품과 다른 점이 없었다. 이런 제품으로는 하이프 코어의 반응을 이끌어내기 어려울 수밖에 없었다.

하지만 버질 아블로가 디자인한 에어조던 1은 기존 제품과 근본적으로 다른 제품이었다. 기존 제품을 해체하고 재구성해 내부 요소가 드러나게 만들고 헬베티카 폰트와 케이블 타이가 적용된 이 제품은 버질 아블로에 대해 모르는 사람도 디자인만 보고 제품을 가지고 싶어질 정도로 디자인적 완성도가 빼어났다. 제품 자체의 매력이 뛰어났기 때문에 출시되자마자 스니커헤드뿐만 아니라 뮤지션, 배우, 패션업계 내부자 같은 하이프 코어 사이에서 뜨거운 반응이 이어졌다. 나이키가 복표로 했던 하이프 코어 사이에서 반응이 발생한 것이다. 더욱 고무적인 것은 버질 아블로의 에어조던 1이 출시된 이후 콜라보레이션 제품이 아닌 기존 제품인 에어조던 1의 매출이 증가하기 시작했다는 점이다. 에어조던 1이 대중적으로 인기를 끌면서 나이키는 2018년 한 해에만 무려 60가지나 되는 에어조던 1을 선보이며 이 제품을 전 세계적으로 유행시키기 위한 작업을 본격적으로 시작한다.

버질 아블로와의 콜라보레이션으로 나이키는 스니커헤드를 넘어서 하이프 코어를 공략하려는 목표를 어느 정도 이루게 된다. 더 텐은 스니커즈 역사상 최고의 콜라보레이션 프로젝트 중 하나로 꼽히며 2017년에 출시된 제품이 지금도 고가에 판매되고 있다. 스탁엑스에서는 최근 12개월 평균 판매 가격이 5461달러에 달하며, 크림에서는 2022년 3월 1090만 원의 판매가를 기록했다.

그러나 한계도 명확했다. 에어조던 1이라는 운동화 자체가 대중적인 유행을 만들어내기에는 한계가 있는 제품이었기 때문이다. 발목이 높은 디자인이라 신고 벗기 불편한 데다 착화감도 좋지 않았다. 강렬한 색상과 농구화 스타일의 디자인은 일반 대중이 일상생활에서 착용하기에 적합하지 않기도 했다. 하이프를 통해 대중적인 유행을 만들어내기 위해 나이키는 편안하게 신을 수 있는 무난한 디자인이 운동화로 하이프를 만들어낼 필요가 있었다.

버질 아블로와 나이키의 콜라보레이션 프로젝트는 엄청난 성공을
거둔다. 버질 아블로의 에어조던 1이 출시되자마자 하이프 코어
사이에서 인기몰이를 한 것은 물론 기존 제품인 에어조던 1의 매출도
급성장하는 뜨거운 반응이 이어졌다.

9장에 등장한 운동화

- 오프화이트 x 나이키 더 텐 (2017)

Insight note

10

HYPE

오프화이트

X

덩크 로우

CODE

네이버 크림이 발표한 자료에 따르면 2021년 크림에서 가장 많이 거래된 운동화는 남녀 모두에서 '나이키 덩크 로우 레트로 블랙Nike Dunk Low Retro Black'(일명 범고래)으로 나타났다. 2022년 남성 부문에서는 2위로 밀려났지만, 여성 부문에서는 여전히 1위를 차지했다. 이 제품은 2021~2022년 한국 뿐만 아니라 전 세계를 휩쓸었다. 너무 많이 팔려서 지하철을 타고 있는 젊은이들이 모두 이 운동화를 신고 있는 사진이 화제가 될 정도였다. 2021~2022년은 가히 나이키 덩크 로우의 시대라 불러도 무방할 정도로 이 신발은 전 세계적으로 거대한 열풍을 불러일으켰다.

대규모 유행은 사람들의 자발적인, 그리고 동시다발적인 선택에 의해 발생하는 경우가 많다. 특정 제품이 특정 시기에 많은 사람들의 취향과 기호에 맞아떨어지면서 대규모 유행이 발생한다. 하지만 나이키 덩크 로우는 이런 경우에 해당하지 않는다. 나이키가 철저히 계획하고 디자인해서 만들어낸 유행이었다.

　　버질 아블로와의 첫 작업인 더 텐 프로젝트를 성공적으로 마친 나이키는 곧이어 더 야심찬 프로젝트를 준비한다. 나이키의 오래된 신발 덩크 로우의 인기를 되살리고 대규모 유행을 만들어내는 것이었다. 덩크는 흥미로운 스토리를 가진 운동화다. 1985년 농구화로 처음 출시되었을 때는 큰 인기를 얻었지만 이내 에어조던 시리즈에 밀리며 비인기 운동화로 전락하게 된다. 그러다 2000년대 초반, 농구화 스타일의 덩크를 스케이트보드에 적합하게 바꾸고 스케이트보더들에게 인기 있는 브랜드들과 콜라보레이션 프로젝트를 진행하면서 스케이트보드 커뮤니티에서 큰 인기를 얻게 되었지만 2010년대 중반에 들어서면서 다시 인기 없는 운동화가 되어버린다.

　　나이키는 이런 덩크를 되살리기로 결정하고 이 프로젝트를 버질 아블로에게 의뢰한다. 콜라보레이션 프로젝트의 소재로는 덩크 모델 가운데 발목이 낮은 로우 제품이 선택됐다. 덩크 로우는 발목이 낮아 신고 벗기 편하며, 착화감이 좋고, 무엇보다 스타일 자체가 어떤 옷과도 잘 어울리는 무난한 제품이다. 이런 점에서 에어조던 1 같은 하이탑 운동화와는 다르게 한정판 제품에 대한 하이프가 대중적 유행으로 연결될 가능성이 높은 제품이었다.

더 텐 프로젝트 때 그랬던 것처럼 버질 아블로는 단순히 덩크의 색상을 바꾸거나 로고를 추가하는 것이 아니라 완전히 새롭게 재해석한 덩크를 만들어냈다. 운동화 상단부 전체를 덮는 신발끈이 하나 추가되고, 텅 부분(신발끈 아래에 위치한 덮개)은 내부 스펀지가 드러나도록 노출 형태로 디자인됐다. 여기에 버질 아블로의 트레이드 마크인 케이블 타이가 추가됐다. 2019년 12월, 버질 아블로가 디자인한 새로운 덩크 로우가 유니버시티 레드Univeristy Red, 파인 그린Pine Green, 유니버시티 골드University Gold 3가지 색상으로 출시된다.

Off-White
Dunk Low

2019

버질 아블로가 재해석해 내놓은 '나이키 덩크 로우'.
하이프 코어 사이에서 열광적인 반응을 이끌어내며
한물간 덩크를 '힙한' 운동화로 부활시켰다.

이 독특한 디자인의 덩크는 출시되자마자 뮤지션, 아티스트, 셀럽, 패션업계 종사자 등 하이프 코어들 사이에서 폭발적인 인기를 얻는다. 한국에서도 많은 연예인들과 패션피플들이 자신의 SNS에 오프화이트 덩크를 신은 모습을 올렸다. 그리고 정확히 이때부터 덩크의 부활이 시작된다. 한물간 운동화로 여겨지던 덩크가 갑자기 사람들 사이에서 멋지고 힙한 운동화로 떠오른 것이다.

덩크가 대중적 인기를 얻기 시작하자 나이키와 버질 아블로는 여기서 멈추지 않고 더 큰 하이프를 만들어내기 위한 획기적인 전략을 세운다. 바로 **양산형 한정판**이다. 양산형이란 단어는 대량 생산된다는 뜻이다. 한정판 제품은 소량으로만 생산되기 때문에 이 제품을 손에 넣으려는 사람들 사이에서 하이프를 만들어내기 마련이다. 가령, 나이키가 슈프림과 콜라보레이션한 덩크 제품은 모두 1250켤레, 흰색으로만 한정하면 500켤레밖에 판매되지 않았다. 그런데 나이키는 한정판 콜라보레이션 제품을 무려 50만 켤레나 판매하기로 한다. 50만 켤레면 한정판이라고 부를 수 없을 정도로 많은 숫자다. 2021년 이런 전략하에 탄생한 것이 '나이키 덩크 로우 랏 50Nike Dunk Low Lot 50'(이하 덩크 50)이다.

버질 아블로와 나이키는 덩크 로우의 인기에 힘입어 양산형 한정판 제픽으로 다시 한번 공세에 나섰다. '나이키 덩크 로우 랏 50'은 덩크 로우를 바탕으로 다양한 색조합을 통해 50가지 새로운 덩크를 선보였다. 한국에서는 18번과 46번이 출시됐다. 사진은 '나이키 덩크 로우 랏 18'.

Nike Dunk Low Lot 50

아무리 버질 아블로가 디자인한 덩크 제품이라도 50만 켤레나 시장에 풀리면 희소성이 사라지기 마련이다. 그래서 나이키와 버질 아블로는 물량이 많아도 제품이 희소하다고 착각하게 만드는 장치들을 마련했다.

첫 번째는 하나의 제품을 50만 켤레나 생산하는 대신에 신 발끈의 색상과 소재를 조금씩 바꿔서 덩크를 무려 50가지 버전으로 만든 것이다. 50가지 버전을 모두 합하면 총수량이 50만 켤레나 되지만, 각각의 버전은 평균 1만 켤레밖에 판매되지 않기에 한정판이 가진 희소성을 그대로 유지할 수 있었다.

또한 나이키는 모든 사람에게 구매 기회를 주는 대신에 나이키 한정판 운동화 판매 앱인 SNKRS 회원들, 그중에서도 제품을 많이 구매했거나 앱을 자주 방문한 사람들에게만 구입 권한을 줘서 이 운동화를 구매하는 사람들이 특별히 선택받아 한정판 운동화를 구입할 수 있었던 것이라고 느끼게 만들었다. 제품은 사실 희소하지 않지만 사람들로 하여금 희소한 물건을 구입했다고 느끼게 만든 것이다.

나이키의 SNKRS 앱. 나이키의 한정판
운동화를 예약 구매할 수 있는 앱이다.

덩크 50이 출시된 것은 2021년 8월 9일이다. 2년 전 버질 아블로의 덩크가 출시된 이후 덩크는 많은 젊은이들 사이에서 가장 멋진 운동화로 인식되기 시작하고 있었다. 하지만 버질 아블로가 디자인한 덩크는 구하기도 어렵고 100만 원에 달하는 리셀 가격도 부담스러웠다. 그래서 이때부터 콜라보레이션 제품이 아닌 일반 양산형 덩크, 그중에서도 레트로 블랙의 인기가 치솟기 시작했다. 이런 시기에 출시된 덩크 50은 불에 기름을 붓는 것이나 마찬가지였다.

50만 켤레나 판매된 덩크 50은 많은 사람들에게 버질 아블로의 '한정판' 콜라보레이션 운동화를 구매할 수 있는 기회를 제공했다. 물량이 많이 풀린 만큼 한정판 운동화치고는 리셀 가격도 낮게 형성되어 나이키에서 정가에 구입하지 못한 이들 중에는 리셀 플랫폼에서 제품을 구매한 경우도 많았다. 나이키 역사상 전례 없는 대규모 하이프가 만들어진 순간이다. 그전까지 한정판 운동화에 대한 하이프는 스니커헤드나 패션 커뮤니티 안에서만 작게 발생하는 게 일반적이었는데 한정판 운동화나 패션에 관심 없던 일반 대중을 대상으로도 한정판 운동화에 대한 하이프를 만들어낸 것이다. 한마디로 덩크 50은 **'모두를 위한 하이프'**를 만들어낸 최초의 제품이라고 할 수 있다.

덩크 50에 대한 하이프가 발생하면서 덩크의 양산형 모델인 레트로 블랙의 인기가 더욱 상승하자 나이키는 이 모델을 최대 물량으로 공급하기 시작했다. 2021년 초 이 모델이 처음 판매되었을 때는 많은 사람들이 물량이 한정적일 거라고 생각해 웃돈을 주고 사들였지만, 덩크 레트로 블랙은 2021년부터 지금까지 엄청난 물량이 풀리고 있다. 이것이 2021년부터 2023년 초까지 온 세상 젊은이가 모두 덩크 운동화를 신고 있다는 착각이 들 정도로 덩크가 크게 유행하게 된 배경이다. 여기서 가장 중요한 점은 이러한 대규모 유행이 우연히 발생한 게 아니라 모두 나이키가 치밀하게 계획해서 만들어낸 결과라는 것이다.

10장에 등장한 운동화

- 나이키 덩크 로우 레트로 블랙 (2021)
- 오프화이트 x 나이키 덩크 로우 (2019)
- 나이키 덩크 로우 랏 50 (2021)

나이키의
하이프 코드
_ 모두를 위한
하이프

CODE

이쯤에서 나이키의 하이프 코드를

정리해보자.

1

 한정판 콜라보레이션 제품으로 하이프를 만드는 것은 스트리트 패션에서 시작됐다. 미국의 스투시와 슈프림, 일본의 스트리트 패션 브랜드들이 이런 방법으로 젊은이들 사이에서 하이프를 만들어내자 나이키는 2000년대 초반부터 하이프 프로젝트에 돌입했다. 약 15년 동안 많은 콜라보레이션 프로젝트를 성사시키며 성공적으로 하이프를 만들어냈지만, 나이키가 원하는 대중적인 유행은 만들어내지 못하고 있었다. 게다가 아디다스가 턱밑까지 추격해 오면서 나이키에는 위기감이 감돌기 시작했다.

2

2010년대 중반 나이키는 하이프 전략을 수정한다. 스니커헤드 사이에서만 하이프를 만들어내는 것이 아니라 사회 속에서 유행을 만들어내는 집단인 하이프 코어에 집중하기로 한 것이다. 이 목적을 달성하기 위해 당시 스트리트 패션과 럭셔리 패션 모두에서 가장 인정받는 디자이너였던 버질 아블로와 협력하기 시작한다.

2017년 선보인 오프화이트 콜라보레이션 제품들은 창의적이고 뛰어난 디자인으로 하이프 코어 사이에서 큰 반응을 얻어내고, 이러한 반응은 에어조던 1의 대중적 인기를 촉발시켰다. 뒤이어 2019년 선보인 덩크 로우 제품도 마찬가지로 하이프 코어의 열광적인 반응을 이끌며 덩크 로우가 다시한번 유행하는 시발점을 만들었다.

3

2021년 나이키는 더 많은 사람들이 하이프에 참여하게 만들기 위한 전략을 마련한다. 바로 양산형 한정판 제품이다. 50만 켤레나 판매된 덩크 50은 그전에는 한정판 운동화에 관심이 없었거나 구입할 수 없었던 사람들까지도 한정판 운동화를 구입하는 데 나서는 등 하이프에 동참하도록 만들었다. 게다가 대량 생산되는 일반형 덩크 제품인 레트로 블랙도 한정판처럼 드롭 방식으로 판매함으로써 더 많은 사람들, 특히 버질 아블로나 오프화이트에 대해 모르거나 관심이 없는 사람들까지도 하이프로 이끌었다. 한마디로 '모두를 위한 하이프'를 만들어낸 것이다.

젊은이들 사이에서 한정판 콜라보레이션 제품이 폭발적인 반응을 이끌어낸다는 데 주목한 것은 나이키만이 아니었다. 나이키 외에도 수많은 브랜드가 유명 디자이너나 아티스트와 콜라보레이션 프로젝트를 진행하고 제품을 선보였다. 하지만 대부분의 브랜드가 나이키처럼 대규모 유행을 만들어내지는 못했다. 나이키와 다른 브랜드들의 결정적인 차이점은 '타깃'과 '참여'에 있다.

타깃: 하이프 코어

나이키는 사회 속에서 유행을 만들어내는 사람들인 하이프 코어를 타깃으로 삼았다. 하이프 코어의 마음을 얻기 위해서는 단순히 유명 디자이너나 아티스트와 협업했다는 '사실'로는 충분하지 않았다. 제품 자체가 그들의 높은 취향과 안목을 만족시킬 정도로 뛰어나야 했다. 나이키가 더 텐 프로젝트를 위해 버질 아블로를 선택한 것은 바로 이런 이유 때문이다.

반면 대부분의 브랜드는 콜라보레이션 자체만을 목적으로 한다. 그래서 기존 제품에 콜라보레이션 프로젝트를 진행한 브랜드나 디자이너의 로고를 추가하거나 디자인 측면에서 아주 작은 변화를 시도할 뿐이다. 콜라보레이션의 형식만 취할 뿐, 진정한 의미의 '협업'이라고 부를 수 없는 제품들이 쏟아져 나오게 된 이유다. 이런 제품들은 한정판 제품의 고정 수요층에서는 하이프를 만들어낼 수 있지만 대중적인 유행은 만들어내지 못한다.

참여: 모두를 위한 하이프

　콜라보레이션 제품에 하이프 코어가 반응하면 그 반응이 나머지 일반 소비자들에게로 확산되기 마련이다. 일반 소비자들이 해당 제품에 관심을 갖게 되고 제품이 멋지고 트렌디하게 느끼기 시작하는 것이다. 이 순간, 나이키는 더 많은 사람들에게 한정판 제품을 구매하는 경험을 제공했다. 한정판 제품을 대량 생산하고, 일반 양산형 제품을 드롭 방식으로 판매함으로써 많은 사람들이 지금 가장 인기 있고 희소한 제품을 손에 넣었다는 경험을 하도록 유도한 것이다. 하이프에 전혀 관심 없던 사람들이나 높은 리셀 가격 때문에 망설이던 사람들마저도 하이프에 참여하게 만든 것, 즉 모두를 위한 하이프를 만들어낸 것이 나이키와 다른 브랜드의 결정적인 차이점이다.

나이키의 하이프 코드는 하이프 코어를 타깃으로 하고 모두를 위한 하이프를 설계했다는 것으로 요약할 수 있다. 콜라보레이션 프로젝트를 통해 제품을 선보이는 대부분의 브랜드가 놓치고 있는 것이 바로 이 부분이다. 하이프 코드를 제대로 이해하지 않으면 한정판 제품의 고정 수요층 사이에서만 반짝 반응이 발생하고 일반 소비자들의 관심은 얻을 수 없다. 럭셔리 아웃도어 브랜드 몽클레어Moncler가 프라그먼트 디자인과 콜라보레이션한 제품을 선보이더라도 단순히 기존 제품에 프라그먼트 디자인 로고만 추가하거나 작은 변화만 추가한다면 그 제품에 관심을 갖는 소비자가 많지 않을 수밖에 없다.

하이프 코드는 나이키 같은 유명 브랜드에만 해당되는 게 아니다. 브랜드나 사업의 규모와 관계없이 누구나 하이프 코드를 적용할 수 있다. 작은 규모의 빵집도 사회 속에서 취향을 전파하는 엘리트 집단의 마음을 얻으면 대중적인 명성과 인기를 얻을 수 있다(타깃: 하이프 코어). 또한 누구나 부담 없이 구입할 수 있으면서도 희소한 것을 갖게 되었다고 느끼게 만들면 대중 사이에서 폭발적인 반응을 이끌어낼 수 있다(참여: 모두를 위한 하이프). 하이프 코드는 누구나 사용할 수 있고, 이를 통해 누구나 대중적인 성공을 거둘 수 있는 궁극의 전략이다.

Insight note

12

HYPE

덩크 이후의
시대
_ 트래비스 스콧

CODE

제품의 대중적 유행은 기업에 커다란 이익을 가져다주지만 동시에 브랜드 가치 하락을 초래하기도 한다. 제품이 일반 대중 사이에서 유행해서 너무 흔해지면 처음에 유행을 주도했던 사람들이 다른 브랜드로 떠나기 때문이다. 특히 사회 안에서 유행을 만들어내는 하이프 코어에 해당하는 사람들은 자신들을 일반 대중과 차별화하려는 욕구가 강하기 때문에 대중적 유행이 시작될 무렵이면 이들은 이미 다른 브랜드로 관심을 돌리기 마련이다. 나이키는 하이프 코어의 마음을 지속적으로 사로잡기 위해 새로운 제품을 끊임없이 만들 필요가 있었다.

버질 아블로와의 콜라보레이션 프로젝트로 하이프 코어의 마음을 사로잡는 데 성공한 나이키는 제2의 버질 아블로를 찾아 나섰다. 나이키에는 단순히 콜라보레이션 제품의 이름값을 더하는 사람이 아니라 기존 제품을 새롭게 재해석해서 거대한 하이프를 일으킬 능력을 가진 사람이 필요했다. 그리고 나이키는 힙합 뮤지션 트래비스 스콧Travis Scott을 선택하게 된다.

트래비스 스콧은 전 세계에서 가장 인기 있는 래퍼 가운데 한 사람이다. 음악도 음악이지만 옷 잘 입고 스타일 좋은 것으로 유명하다. 그의 패션 스타일이나 그가 선택한 옷과 신발이 전 세계 젊은이들 사이에서 금방 유행할 정도로 패션 커뮤니티에서 그의 영향력은 절대적이다. 혼자 힘으로 패션 스타일의 유행을 만들어낼 정도의 영향력을 가진 인물인 것이다. 한국에서도 그의 영향으로 릭오웬스Rick owens라는 브랜드의 바지가 스트리트 패션 커뮤니티에서 큰 인기를 얻은 바 있다.

나이키는 트래비스 스콧이 가진 디자이너로서의 능력과 유행을 주도하는 힘을 알아보고 그와 함께 다양한 콜라보레이션 프로젝트를 진행한다. 2018년 그가 디자인한 조던 4와 에어포스 1을 선보이는데, 이 제품들은 스니커헤드 사이에선 하이프를 만들어냈지만 대중적 관심과 인기로 이어지지는 못했다. 그러다 2019년 스니커즈 역사상 가장 유명한 운동화 가운데 하나로 여겨지는 '트래비스 스콧 x 에어조던 1Travis Scott x Air Jordan 1'이 탄생한다.

나이키의 스우시 로고가 역방향으로 놓여 있는 흥미로운 운동화를 본 적 있을 것이다. 이 '리버스 스우시reverse swoosh' 로고를 가진 제품이 트래비스 스콧이 디자인한 에어조던 1이다. 물론 이 제품 이전에도 스우시 로고가 역방향으로 디자인된 제품이 여럿 있었지만 제품 자체가 인기를 얻지 못해 리버스 스우시는 사람들의 관심이나 흥미를 끌지 못했다. 반면 에어조던 1은 운동화 자체의 인기가 높아 사람들에게 그 디자인이 익숙한데 여기에 리버스 스우시가 큰 대조를 이루며 새롭고 혁신적으로 받아들여졌다. 게다가 기존 에어조던 1은 빨간색, 파란색 등 원색을 주로 사용해 호불호가 크게 갈리는 제품이었는데, 트래비스 스콧의 에어조던 1은 어느 패션에나 잘 어울리고 세련된 느낌을 가진 모카 색상으로 출시된다.

Air Jordan 1
(1985)

Travis Scott
(2019)

이 제품은 버질 아블로의 콜라보레이션 제품처럼 기존 디자인을 완전히 새롭게 재해석한 것은 아니다. 하지만 보는 이의 시선을 사로잡는 리버스 스우시와 세련된 모카 색상만으로도 하이프 코어의 열광적인 반응을 이끌어내기에 충분했다. 당시에도 이미 패션 커뮤니티 안에서는 에어조던 1이 큰 인기를 얻고 있었지만, 트래비스 스콧의 에어조던 1이 출시되고 나서는 그 인기가 더욱 치솟았다. 심지어 기존에 출시되었던 한정판 에어조던 1의 리셀 가격이 덩달아 치솟는 현상까지 발생했다. 트래비스 스콧의 디자인이 에어조던 1의 완벽한 부활을 이끌어낸 것이다.

여기에 더해 나이키는 에어조던 1의 대중적 유행을 만들기 위한 1가지 시도를 추가한다. 바로 발목이 낮은 에어조던 1 로우에 집중한 것이다. 에어조던 1 하이 모델은 발목이 높아서 착용하는 게 불편하고 패션 스타일에 활용하는 데도 제약이 따랐다. 유행을 확산시키는 데 한계가 있는 제품이었던 것이다. 이에 나이키는 트래비스 스콧과 다양한 디자인의 로우 모델을 선보였다. 2019년부터 2023년까지 5종류의 '트래비스 스콧 x 에어조던 1 로우Travis Scott x Air Jordan 1 Low'를 내놓으며 에어조던 1 로우의 대중적 유행을 만들고자 한 것이다.

'트래비스 스콧 x 에어조던 1'로 하이프를 만들어내는 데 성공한 나이키는 에어조던 1의 대중적 유행을 이끌어내기 위해 또 다른 도전에 나선다. 다양한 디자인의 로우 모델을 선보인 것이다.

189

트래비스 스콧의 에어조던 1 로우는 스니커헤드와 패션 커뮤니티에서 강한 하이프를 만들어내며 큰 성공을 거두게 된다. 모카 색상 모델은 크림에서 200만 원 선에 거래가 이뤄지고 있으며, 그 가격이 계속 상승하는 추세다. 다만 아직까지는 버질 아블로의 덩크가 만들어낸 것 같은 대규모 유행까지는 이끌어내지 못하고 있다.

이는 에어조던 1 로우가 덩크와 디자인이 흡사하기 때문일 것이다. 덩크는 에어조던 1의 디자이너인 피터 무어Peter Moore가 비슷한 시기에 디자인한 제품으로, 두 제품은 디자인 면에서 상당한 유사성을 보인다. 운동화에 관심 없는 사람이라면 두 제품의 차이를 알아채지 못할 정도로 에어조던 1과 덩크는 서로 닮았다. 덩크 로우의 인기는 2019년부터 시작됐으며 2021~2022년 이미 많은 젊은이가 이 제품을 소유한 상황에서 디자인이 유사한 제품이 대중적인 유행을 다시 만들어내는 것은 어려운 일일 수밖에 없다.

Peter Moore

피터 무어

Travis Scott

트래비스 스콧

대중적으로 큰 유행을 만들어내기 위해 나이키는 에어조던 1 로우가 아닌 다른 제품들로 트래비스 스콧과 콜라보레이션 프로젝트를 시작한다. 2022년 트래비스 스콧이 디자인한 에어맥스 1과 에어트레이너 1이 쏟아져 나온 것은 이 때문이다. 하지만 이들 제품 중 그 어느 것도 하이프 코어의 마음을 사로잡지 못했다. 하이프 코어가 움직이지 않으면 대중적 관심과 유행이 생기지 않는 것은 당연한 결과다.

트래비스 스콧은 버질 아블로의 뒤를 잇는 천재 디자이너로 인정받을 수 있을까? 아직까지는 물음표가 붙어 있는 상황이다. 리버스 스우시와 모카 색상이라는 트래비스 스콧만의 디자인 코드는 큰 성공을 거뒀지만 그 이상의 성과는 내지 못했다. 가장 최근에 출시된 완전히 새로운 디자인의 블랙 에어조던 1도 이렇다 할 반응을 이끌어내지 못하고 있다. 트래비스 스콧이 나이키의 다른 모델들을 부활시키며 대중적인 유행을 만들어낼지에 따라 디자이너로서 그에 대한 평가가 결정될 것이다.

12장에 등장한 인물

- 트래비스 스캇 Travis Scott _ 힙합 뮤지션
- 릭 오웬스 Rick Owens _ 패션 디자이너
- 피터 무어 Peter Moore _ 나이키 디자이너(에어조던 1과 덩크의 디자이너)

12장에 등장한 운동화

- 트래비스 스콧 에어조던 4 (2018)
- 트래비스 스콧 에어포스 1 (2018)
- 트래비스 스콧 에어조던 1 (2019)
- 트래비스 스콧 에어조던 1 로우 (2019, 2021, 2022, 2023)

13

HYPE

덩크 이후의
시대
_ 사카이

CODE

나이키에 필요한 것은 스니커헤드 사이에서 이름값을 가진 존재가 아니라 나이키의 기존 제품을 완전히 새롭게 디자인해서 기존 제품의 부활을 이끌어낼 수 있는 사람이다. 이를 위해 나이키는 한편으로는 트래비스 스콧처럼 스트리트 패션과 힙합 커뮤니티에서 큰 영향력을 가진 아티스트들과 다양한 콜라보레이션 프로젝트를 진행하면서, 다른 한편으로는 하이패션 분야의 디자이너들과도 콜라보레이션 프로젝트들을 시도하고 있다. 그중 최근 가장 눈에 띌 만한 성과를 보이고 있는 것이 사카이 x 나이키 프로젝트다.

사카이sacai는 일본의 디자이너 사카이 치토세(결혼 후 이름은 아베 치토세阿部千登勢)가 만든 하이패션 브랜드다. 꼼데가르송의 레이 가와쿠보에게 발탁되어 꼼데가르송의 대표 디자이너 준야 와타나베 밑에서 일하다가 1999년 자신의 이름을 내건 브랜드를 출시했다. 사카이는 2000년대 후반부터 패션의 주무대인 파리에서 '편하게 입을 수 있는 아방가르드 패션'으로 명성을 얻기 시작했다.

그녀의 패션은 형형색색의 다양한 소재를 창의적으로 조합하는 것으로 유명한데, 기존 제품을 재해석하려는 나이키로선 그녀보다 적합한 하이패션 디자이너를 찾을 수 없었다. 나이키의 대표적인 디자인 방식이 기존 모델을 캔버스처럼 사용해서 다양한 색상과 소재를 새롭게 조합하는 것이었기 때문이다. 나이키는 그녀에게 조던이나 덩크와는 전혀 다른 성격의 운동화 디자인을 의뢰한다. 바로 1970년대 나이키의 상징인 와플 트레이너였다.

1970년대 나이키의 공동 창업자 중 한 사람인 빌 바우어만Bill Bowerman은 육상 선수들을 위해 운동화 바닥을 개선하려고 연구 중이었는데 집에 있던 와플 기계에서 그 해결책을 찾아냈다. 와플 기계에 고무를 넣어서 찍었더니 자신이 원하는 이상적인 형태가 만들어졌던 것이다. 이것이 '와플 트레이너'라는 별명이 붙은 운동화가 탄생한 배경이다.

패션 커뮤니티에서 몇 년 전부터 1970~1980년대 운동화가 다시 유행하고 있었기에 나이키는 사카이와의 콜라보레이션 프로젝트를 통해 와플 트레이너를 부활시키려는 계획을 세운다. 그리고 2019년 사카이가 디자인한 와플 트레이너 '사카이 x 나이키 LD와플Sacai x Nike LDWaffles'이 사카이의 패션쇼를 통해 세상에 공개된다.

사카이의 와플 트레이너는 지금까지 존재했던 그 어떤 나이키 제품과도 달랐다. 1970년대 출시된 나이키 와플 트레이너 2종류(LDV와 레이서)를 하나로 합친다는 콘셉트로 만들어진 이 운동화는 바닥이 두 층으로 구성되어 있는데, 중간에 위치한 바닥은 바깥으로 빠져나왔고, 2개의 스우시 로고는 겹치도록 배치되었으며, 사카이 특유의 색상 조합은 독특함과 새로움 그리고 매력을 만들어냈다. 새롭고 창의적인 사카이의 와플 제품은 말 그대로 '인스턴트 히트Instant Hits'(출시되자마자 바로 큰 인기를 얻는 것)를 치며 패션 커뮤니티의 하이프 코어들 사이에서 뜨거운 반응을 불러일으켰다. 곧이어 2020년에는 나이키의 페가수스와 베이퍼플라이Vaporfly를 합친 콘셉트의 '사카이 x 나이키 베이퍼와플Sacai x Nike VaporWaffle'을 출시하면서 하이프를 이어갔다.

WHY BUY A COPY
WHEN YOU CAN RUN WITH THE ORIGINAL?

A funny thing happened back in 1974 when we came out with our first Nike Waffle Trainer.

Almost everybody except serious runners laughed.

"It'll never last," some said. "Looks like a shoe made to run on ice," they chuckled.

Well, they're not laughing anymore. In fact, most major shoemakers have tried to copy our Waffle Trainer.

Because it has become the best selling training flat ever made. The *classic* running shoe.

So if you're looking for the real thing, accept no substitutes for the original Nike Waffle Trainer.

Because there aren't any. Only copies.

NIKE

Beaverton, Oregon.

나이키는 1970~1980년대 운동화가
다시 유행하는 분위기를 타서 고전의
재해석에 나선다. 그 결과, '사카이 x
나이키 LD와플'이 만들어진다.

나이키가 버질 아블로와 작업할 당시 무려 50가지나 되는 덩크를 내놓으며 양산형 한정판을 만들어냈던 것처럼 다양한 색상과 제3의 콜라보레이터를 추가하는 형식으로 나이키는 사카이 와플의 다양한 변형 제품을 내놓으면서 하이프에 참여하는 사람들을 늘려 나갔다. 아직 일반 소비자들 사이에서 대량 생산된 와플 운동화의 유행이 시작되었다고 하기는 어렵지만 지금까지 나이키가 와플을 부활시키려고 시도한 방법 중에서는 가장 성공적인 것으로 보인다.

사카이 와플의 대대적인 인기를 이어가기 위해 내놓은 '사카이 X 나이키 베이퍼와플. 와플의 유행이 시작되었다고 말하기엔 이르지만, 현재 가장 핫한 신발 중 하나임에는 분명하다.

13장에 등장한 인물

- 사카이 치토세 酒井千登勢 _ 패션 디자이너
- 빌 바우어만 Bill Bowerman _ 나이키의 공동 창업자

13장에 등장한 운동화

- 사카이 x 나이키 LD와플 (2019)
- 사카이 x 나이키 베이퍼와플 (2020)

Insight note

14

HYPE

과거를
부활시킬
새로운 인물들

CODE

나이키는 버질 아블로와의 콜라보레이션
으로 에어조던 1과 덩크를 부활시켰고,
트래비스 스콧과의 콜라보레이션으로
비인기 신발이던 에어조던 1 로우를 '핫한'
신발로 만들었다. 그리고 사카이와의
콜라보레이션으로 와플 트레이너를
부활시키는 작업을 진행 중이다.
이 외에도 나이키는 과거에 인기 있던
제품을 부활시키기 위해서 많은 디자이너,
아티스트와 끊임없이 콜라보레이션
프로젝트를 진행하고 있다.

프랑스의 하이패션 디자이너 자크뮈스JACQUEMUS는 2022년 나이키의 아웃도어 하이킹 슈즈 후마라Humara의 1997년 모델을 새롭게 재해석한 제품을 선보였고, 2023년에는 나이키의 베스트셀러인 에어포스 1을 하이패션 구두처럼 완전히 탈바꿈시킨 제품을 내놓았다.

또한 미국의 팝스타 빌리 아일리시Billie Eilish와 함께 에어포스 1(2022)과 에어조던 15(2021) 등을 새롭게 해석하는 프로젝트를 진행했다. 그녀가 디자인한 에어포스 1이 큰 인기를 얻자 나이키는 1980년대 나이키의 운동화인 '알파포스Alpha Force'를 부활시키는 프로젝트를 그녀에게 맡기게 된다. 참고로 알파포스는 1988년 에어조던 3가 나오기 전에 마이클 조던이 농구 시합 때 실제로 신었던 농구화다.

앞서 소개한 바 있는 꼼데가르송과도 지속적으로 콜라보레이션 프로젝트를 진행 중이다. 2020년에는 1977년 출시된 나이키의 마라톤화 와플 레이서Waffle Racer를 꼼데가르송 스타일로 재해석한 제품을 내놓았다.

이밖에 미국의 힙합 아티스트 사이에서 큰 인기를 얻고 있는 일본 주얼리 브랜드인 앰부쉬AMBUSH의 디자이너 윤안Yoon Ahn과 2018년부터 에어맥스 180, 에어포스 1, 에어어드저스트AIR ADJUST 등 다양한 제품에 대해 콜라보레이션 프로젝트를 진행하고 있다.

위로부터 자크뮈스와 콜라보레이션한 에어 휴마라와 에어포스 1, 빌리
아일리시가 디자인한 에어포스 1, 꼼데가르송과 콜라보레이션한 와플
레이서, 디자이너 윤안의 에어어드저스트.

윤안은 한국에서 태어나 어린 시절 미국으로 이주한 재미교포 디자이너다. 보스턴에서 대학을 다닐 때 교회에서 나중에 남편이 되는 버벌Verbal을 만난다. 버벌은 일본 힙합그룹 엠 플로m-flo의 멤버로, 3세대 재일 한국인이며 본명은 류영기다. 이후 두 사람은 함께 일본으로 이주해 2004년 도쿄에 주얼리 디자인 회사를 설립한다. 카니예 웨스트가 그녀의 주얼리를 착용하면서 힙합 뮤지션들 사이에서 유명세를 타기 시작한다. 이 같은 인기를 바탕으로 2008년 주얼리 브랜드 앰부쉬를 런칭한다.

　　나이키는 지금도 많은 디자이너, 아티스트들과 수많은 콜라보레이션 프로젝트를 진행하고 있다. 그런데 최근에 나이키가 진행하는 콜라보레이션 프로젝트를 보면 2000년대 초반부터 2010년대 중반까지 진행된 콜라보레이션 프로젝트와 큰 차이가 있다는 것을 알 수 있다. 2002년 마크 파커의 주도하에 시작된 나이키의 콜라보레이션 프로젝트는 이후 10여 년 동안 스투시, 슈프림, 베이프 등 스트리트 패션의 콜라보레이션 방식과 상당히 유사했다. 콜라보레이션 프로젝트를 통해 나이키 제품을 재해석하기보다는 기존 제품의 색상을 변경하거나 아티스트의 프린트를 입히고 로고를 추가하는 수준의 제품들이 만들어졌다. 이런 제품들은 스니커헤드 사이에서는 하이프를 만들어냈지만 나이키가 원하는 대중적 관심이나 인기로 이어지지는 못했다.

그러다가 버질 아블로와의 콜라보레이션 프로젝트를 기점으로 나이키의 콜라보레이션 프로젝트 방식에 커다란 변화가 생긴다. 이때부터 나이키의 콜라보레이션은 기존 제품을 완전히 재해석하는 방식으로 바뀐다. 콜라보레이션 대상도 단순히 스트리트 패션 커뮤니티에서 인지도가 높은 사람이 아니라 새롭고 창의적인 디자인을 선보일 수 있는 사람으로 달라진다. 이 모두 하이프 코어의 마음을 사로잡고 이를 기반으로 나이키 과거 모델들의 인기를 부활시키기 위한 것이다.

나이키의 모든 콜라보레이션 프로젝트가 이런 목적을 달성한 것은 아니며 버질 아블로의 덩크처럼 전 세계적인 유행을 만든 프로젝트는 아직 나타나지 않았지만, 다양한 프로젝트들이 크고 작은 하이프를 만들어내며 나이키의 과거 모델들이 다시 사랑받기 시작하고 있다. 하이프 코드를 통해 과거의 제품들을 부활시키고 있는 것이다. 그리고 지금 나이키는 아디다스와의 격차를 그 어느 때보다 크게 벌려 나가고 있다. 어쩌면 아디다스가 나이키를 추격하는 것이 영영 불가능해 보일 정도로 말이다.

14장에 등장한 인물

- 자크뮈스 JACQUEMUS _ 패션 디자이너
- 빌리 아일리시 Billie Eilish _ 미국의 팝가수
- 윤안 Yoon Ahn _ 쥬얼리 디자이너, 앰부쉬의 창업자
- 버벌 Verbal _ 일본 합합그룹 엠 플로의 멤버

14장에 등장한 운동화

- 나이키 에어 후마라 x 자크뮈스 (2022)
- 나이키 자크뮈스 에어포스 1 (2023)
- 빌리 아일리시 에어포스 1 (2022)
- 빌리 아일리시 에어조던 15 (2021)
- 나이키 알파포스 (1988)
- 꼼데가르송 와플 레이서 (2020)
- 앰부쉬 에어맥스 180 (2019)
- 앰부쉬 에어포스 1 (2023)
- 앰부쉬 에어어드저스트 (2022)

15

HYPE

하이프 코드는
시스템이다

CODE

나이키의 다양한 콜라보레이션 프로젝트에 대해 알아가다 보면 나이키의 창의적인 능력에 놀라게 된다. 혁신적인 디자인의 운동화를 내놓는 능력, 새로운 콜라보레이션 프로젝트를 성사시키는 능력에 주목하게 된다. 그러다 보면 자신에게 이런 능력이 없다고 좌절하거나 포기하기 쉽다.

하지만 나이키의 콜라보레이션 프로젝트를 더 깊이 연구해보면 나이키의 모든 성과는 처음부터 가지고 있던 '타고난 능력'에 의한 것이 아니라 많은 시행착오를 통해 오랜 시간 발전해온 결과물이란 사실을 알게 된다.

현재 나이키는 진행하는 콜라보레이션 프로젝트마다 큰 하이프를 만들어내고 있다. 이들 중 많은 제품이 대중적 인기와 관심을 모으고 있으며 일부는 대규모 유행까지도 만들어냈지만, 나이키가 처음부터 이렇게 성공을 거뒀던 것은 아니다. 2002년부터 2017년까지 15년이라는 긴 기간 동안 나이키의 콜라보레이션 프로젝트들은 나이키라는 거대한 기업의 규모를 고려할 때 그다지 성공적이지 않았다. 하지만 이 긴 기간 동안 나이키는 다양한 시도를 통해 하이프의 법칙을 적용하고 수정하기를 반복하다가 결국 자신들만의 하이프 시스템을 완성해냈다. 나이키의 능력을 요약한다면, 시행착오를 통해 학습하는 능력 그리고 자신만의 시스템을 만들어나가는 능력이라고 할 수 있다.

하이프 코드는 하나의 시스템이다. 시스템이기 때문에 생물처럼 계속 변화하고 발전한다. 나이키는 지금도 수많은 실패와 성공을 반복하면서 자신들의 시스템을 더욱 정교하게 만들어가고 있다. 대부분의 브랜드가 지닌 문제는 시스템을 만들려고 하기보다는 눈에 보이는 손쉬운 장치에 의존하려고 한다는 것이다. 자신만의 하이프 시스템을 만들려고 하지 않고, 콜라보레이션을 통해 한정판 제품을 출시하는 행위 자체만 중요하게 여기다 보니 기존 제품에 콜라보레이션을 진행한 아티스트나 디자이너의 로고나 그들을 상징하는 대표적인 시그니처 그래픽만 추가한 제품이 쏟아져 나오는 것이다. 게

다가 이 과정에서 하이프를 만드는 데 가장 중요한 요소인 '제품' 자체는 등한시된다. 이런 형식적인 콜라보레이션 제품들은 하이프를 만들어내기는커녕 대중적 인기를 얻기 어렵다.

나이키의 하이프 코드 시스템은 규모가 큰 브랜드에만 적용되는 것이 아니다. 나이키 시스템의 핵심은 사회 안에서 유행을 만드는 사람들인 코어에 집중하고, 이들을 기반으로 대중적인 관심과 인기를 만들어내는 것이다. 이 원칙은 운동화나 패션뿐만 아니라 모든 제품에 공통적으로 적용된다. 동네의 작은 식당이나 상점도 코어의 선택을 받으면 전국적인 유명세를 얻게 된다.

물론 브랜드의 규모에 따라, 제품의 성격에 따라, 브랜드의 타깃에 따라 코어가 누구인지는 달라지며, 이들의 마음을 얻는 방법도 달라지게 마련이다. 그래서 자신만의 하이프 시스템을 찾아내는 것이 중요하다. 나이키가 그랬던 것처럼 다양한 시도와 시행착오를 통해 시스템을 찾아내고, 적용하고, 수정하는 것을 반복해야 한다. 이런 노력 끝에 자신만의 하이프 시스템을 찾아내면 그 어떤 사업자라도 거대한 하이프를 만들어낼 수 있을 것이다.

비즈니스의 성공은 특정한 한 사람이 아니라 모든 구성원이 그 안에서 자신의 능력을 최대한 발휘할 수 있는 시스템을 구축하는가 여부에 달려 있다. 이것이 나이키의 하이프 코드가 우리 모두에게 전해주는 메시지다.

Insight note

하이프 코드
HYPE CODE

초판 1쇄 인쇄
2023년 10월 10일
초판 1쇄 발행
2023년 10월 20일

글
김병규

펴낸이
백영희

펴낸곳
너와숲ENM

주소
14481 경기도 부천시
부천로354번길 75, 303호

전화
070-4458-3230

등록
제2023-000071호

ISBN
979-11-984417-1-3(03320)

정가
16,800원

© 김병규

이 책을 만든 사람들

편집
허지혜
마케팅
한민지

제작처
예림인쇄

디자인
글자와기록사이